Marie G

the R

W.B. YEATS

Quarante-cinq poèmes

SUIVIS DE

La Résurrection

Présentation,
choix et traduction de
YVES BONNEFOY

ÉDITION BILINGUE

GALLIMARD

PRÉFACE

I

Au seuil de ce livre de traductions j'ai d'abord et surtout le désir de dire l'admiration et bientôt l'affection qui m'ont porté vers cette œuvre que je voudrais qui vive dans notre langue ; et même celui d'indiquer que cette attention est allée à un texte, bien sûr, mais plus encore à une personne, tant c'est le propre de Yeats d'être présent dans chacune de ses paroles d'une façon si intense et, pourrait-on croire, si transparente qu'on ne peut le lire sans se prêter à son drame, lequel d'ailleurs ne contredit pas sa recherche de poésie : plutôt l'a-t-il dirigée. Yeats ne s'est pas dérobé à l'écriture, à ses prestiges, à ses pièges ; mais il est aussi celui qui, à de grands moments, s'en dégage, comme s'il n'oubliait jamais que les valeurs de l'existence vécue sont de plus de poids pour l'esprit que les labyrinthes pourtant sans nombre qui s'entrouvrent parmi les mots.

Et aussi bien ne suis-je guère tenté d'ajouter au travail que j'ai effectué le commentaire qu'on jugera peut-être pourtant que ces traductions demandent, là où des mots en plus de leur texte nécessairement elliptique pourraient éclaircir, à peu de frais parfois même, l'obscurité apparente. Je ne suis pas sûr, en effet, que cet éclaircissement d'après coup mènerait beaucoup plus loin que la percée première, s'il en est une. Traduire n'est déjà que trop une explication, mais qui tout de même se fait avec des images et des symboles, et au moment où les rythmes de notre langue et l'ardente matérialité de ses mots gardent ces symboles vivants, actifs, capables d'une intuition qui s'éteint au temps de la prose. Moins naturellement capable de la vérité poétique — cette quête de l'unité — est l'enchaînement des notions critiques, qui sont explicitées, donc partielles. La seule chose qu'il faille peut-être dire, quand on a traduit Among School Children ou telle autre page de la même extraordinaire portée, c'est que l'on fut conscient de l'audace qu'il y a eu à vouloir revivre d'aussi vastes réseaux de la pensée et du sentiment. On se doit d'indiquer que l'on n'a pas oublié que cette audace est un risque, et qu'on accepte d'être jugé à proportion de la démesure, sans précautionneusement essayer de justifier par avance les décisions que l'on a dû prendre à chaque vers et en bien des mots.

Reste pourtant qu'il y a du sens à formuler à l'occasion de la traduction d'une œuvre particulière des remarques de caractère plus général, car des principes qui seraient vrais ne seraient pas inutiles, en vue des traductions à venir, et c'est seulement au plus près des textes qu'on peut faire la preuve que ces observations ont valeur. Et d'autre part, et avant même cela, il faut aussi dégager quelques-uns des traits de la figure de Yeats, à cause d'une ambiguïté de sa poésie qui pourrait surprendre, et égarer la lecture au moment même où cette dernière a chance de rencontrer près de lui une des lois les plus essentielles de la création poétique, dans son rapport à la vie. L'ambiguïté que j'annonce n'est certes pas de celles qui relèvent du simple texte et demandent qu'on y demeure, parmi des effets de sens qui n'appartiennent qu'à l'écriture. Elle est inhérente à l'existence, au moins occidentale et moderne, et il n'est d'ailleurs besoin de la rappeler, à propos de Yeats, que parce qu'elle est de la vie la dimension poétique, c'est-à-dire ce qui en est méconnu, dans nos sociétés, sinon refusé, sinon réprimé.

Je vais tenter de définir les deux termes de l'ambiguïté qu'il y a chez Yeats, mais en soulignant dès l'abord qu'aussi violemment opposés soient-ils à certaines heures, aussi prêts à s'entre-détruire, à décourager son esprit, à lui faire vouloir la mort, la tension qui naît d'eux n'en reste pas moins, la plupart du temps, quelque chose de positif, de germinatif, qui a permis à une sensibilité d'abord un peu trop captive des mirages du Symbolisme ou, plus tard, des traditions de l'Irlande, de se dégager, d'être vraie. — Le premier terme est une protestation éperdue contre le monde comme la matière le fait, contre la vie comme il faut la vivre. Yeats ne cesse pas d'accuser la naissance d'être ce qui promet sans tenir, suggérant une plénitude mais pour vite la dissiper dans les déceptions du destin. Exemplaire de sa pensée, entre beaucoup d'autres, cette phrase dans son Journal, en 1909 : la vie, dit-il, « a perpetual preparation for something that never happens » — idée qui devient dix-sept ans plus tard, dans l'ébauche d'un grand poème : « no possible life can fulfill our dreams », aucune vie ne peut rassasier nos rêves. L'être humain rêve, et Yeats lui-même a rêvé autant et plus que quiconque, au point qu'à des moments on le croirait proche de ceux qui, tel Villiers, acceptent de penser que l'imaginaire est la seule réalité. Mais The Circus Animals' Desertion le confirme encore, aux derniers mois de la vie : de longue date, dès 1910 peut-être et toujours dès lors, il est aussi de ceux, bien plus rares, chez lesquels la lucidité prend le pas sur l'illusion qui pourtant s'obstine.

Mais déjà faut-il remarquer qu'il n'a donc accusé la vie qu'en se référant à des situations qu'elle semble, c'est là son mot, « préparer », cautionner de ses aspects propres, et c'est un fait que les rêveries les plus échevelées que son imagination ait nourries ne sont jamais que la brume qui enveloppe, comme dans le cas de la fée, un corps qui reste bien de ce monde. En somme, ce que Yeats désire quand l'univers comme nous l'avons le déçoit, ce n'est pas quelque chose de supérieur, quelque transcendance qui permettrait de passer à un autre plan, c'est la réalité ordinaire encore, et en ces caractères mêmes que d'autres que lui condamneraient comme précisément l'imperfection de la terre, mais qui en sont à ses yeux la suffisance et la gloire : à supposer qu'ils soient accessibles là même où ils se révèlent, ce qui, hélas, et c'est bien là son problème, n'est pas possible, et ne pourra l'être jamais. Lorsqu'un instant de bonheur lui permet de prendre ce fruit qu'il voit briller dans l'arbre terrestre, Yeats se croit tout de

9

suite au Paradis : il n'imagine rien de meilleur. Et cette capacité d'adhésion, il l'éprouve avant tout pour ce qui a trait à l'éros, mais il l'a connue dès l'enfance, qui a the long summer day to spend dans la campagne déserte, elle s'étend à tout ce qui brille sous le grand ciel, dans la lumière qui est divine. Oui, disons-le avec insistance, car c'est là ce que ce poète a de plus intime, autant que de plus constant : qu'on suive l'auteur de Sailing to Byzantium, poème qui demande de fuir la vie, dans l'alternative qu'il lui oppose, et vite on retrouvera, mal déguisée en un Idéal, mal refoulée, jamais oubliée, la chose d'ici, tout simplement. Il y a par exemple beaucoup de mythologie chez Yeats, comme chez tant de ses contemporains qui y trouvaient occasion de sublimation plus facile. Mais ce ne sont pas les figures élaborées par l'art grec qu'il va retenir de la fable, ces formes du flanc du vase qui incitaient Keats à ne désirer que la Beauté pure, ce sont les corps batailleurs et suants des héros celtiques, ce sont ces jeunes fées qui semblent ne rêver qu'à séduire de jeunes hommes, et s'il pense à Hélène, après combien d'autres poètes, c'est pour sa beauté toute physique et même sexuelle, cette beauté qui rend fou Pâris et va ruiner Troie sans que pour autant il y ait lieu de se plaindre, car c'est bien cette beauté-là la vérité, dirait-il.

Et quand il semble, en quelques moments, plutôt rares, se laisser retenir par certains aspects de la culture chrétienne, encore faut-il comprendre que l'ascète byzantin, qu'il salue, c'est pour lui l'athlète de Dieu, figure pleine, énergie qui emploie le corps autant au moins qu'elle le transcende ; et que Sainte-Sophie, tout lieu qu'elle soit de ces mosaïques où l'Éternel tonne, c'est d'abord le « pigeonnier » des âmes, qu'il imagine donc comme un vol serré de tourterelles, avec du sang, du roucoulement, du désir encore. L'oiseau qu'a évoqué Yeats dans sa réflexion sur Byzance peut bien être un objet d'art constellé de gemmes, posé sur un rameau d'or, cet oiseau-Idée n'en parle pas moins aux seigneurs et aux dames de la cour de ce qui naît et de ce qui meurt, et même aussi de ce qui va naître ; et dans l'autre poème « byzantin » l'étrange oiseau moitié métal moitié vie criera sa colère contre la lune changeante et les oiseaux ordinaires comme s'il n'avait pas vaincu en lui le regret de la musique sensuelle de ces derniers dans les arbres. Le vrai objet de Yeats est l'être de chair et sang, ces birds in the trees.

Mais il n'en est pas moins vrai — et c'est cela qui le frustre, et pour reprendre son mot, l'enrage — que ces oiseaux des arbres d'ici sont « dying generations », mort infuse dans la naissance, et qu'à peine l'objet du désir déploie la roue de sa gloire, la vieillesse est là, ce decrepit age

> that has been tied to me
> As to a dog's tail,

alors même que là où jeunesse et force autoriseraient le désir, ce que veut celui-ci peut se refuser, plus souvent que non, et faire de ce monde qui est le seul un champ d'amères désillusions. Pour signifier l'absolu Yeats a recours immanquablement à une figure de femme, dont l'attrait conjugue aisément pour lui le terrestre et le spirituel ; et on sait quelle valeur poétique il a reconnue à Maud Gonne, la belle et farouche militante de l'indépendance de l'Irlande, qui fut dès leurs vingt ans son amie de loin la plus chère : n'hésitant pas, dans La Rose du Monde, à placer Maud près de Dieu avant que le monde ne soit créé, comme l'archétype de tout vrai bien. Mais bonne amie, Maud Gonne ne voulait pas davantage, et qu'il fût ainsi et restât toute sa vie privé d'elle, voilà donc tout aussi clair et ineffaçable le signe de l'insuffisance du monde.

Et qu'on n'objecte pas que Maud Gonne n'était évidemment pas l'être simplement naturel qu'aurait dû élire celui qui célébrait tant l'ardeur la plus génésique — le refus de la vie étant en elle aussi fort que l'amour du peuple d'Irlande, d'où cette qualité d'impatience, d'arc tendu, que Yeats lui a reconnue dans un de ses grands poèmes. Maud Gonne était animée du désir de réformer par le feu un monde jugé trop décevant. Parente en cela d'Hélène de Troie, dont ces vers lui attribuent la beauté fatale, elle voulait hâter les contradictions du siècle plutôt qu'enfiévrer le désir d'un homme et, dans A Bronze Head, l'ultime méditation que son ami lui a consacrée, à la fin de leurs existences, c'est l'idée de la destruction qui en est dite encore l'essence, si même — et comme Among School Children le suggère — cette violence porta surtout contre le cœur et le corps qu'elle habitait avec distraction. Maud n'était pas l'humble vie charnelle ; et on pourrait soupçonner Yeats lui-même de n'avoir recherché en elle que l'ombre d'un Absolu qu'il ne s'avoue pas qu'il désire. Mais penser de cette façon serait méconnaître l'attrait immédiatement sensuel qu'il dit qui émane d'elle, l'évoquant avec ces mots infinis qui dénomment les choses simples. Est-elle une des proches de Dieu, une Béatrice nouvelle ? Tout de même, Dieu a fait pour elle de l'univers « un grand chemin d'herbe », où sa vie va donc ne plus faire qu'un avec le déroulement enivrant, sous le ciel incessant, de la montagne d'Irlande, au retour de laquelle — une longue journée à deux — La Rose du Monde fut écrite. Et ce poète n'ignore pas, dans son amie, et souligne, avec une attention aussi pénétrante qu'émue — c'est par exemple Before the World was Made, qui reprend l'idée que la beauté précéda la terre — les mouvements de coquetterie, d'orgueil, d'enfièvrement narcissique dont était coutumière la jeune femme. En fait, si quelque chose en Maud Gonne a éveillé en lui le désir de plus que la terre, ce n'est pas une épiphanie de l'Absolu, mais bien plutôt que la jeune femme soit aussi ardente que lui à le vouloir, aussi malheureuse que lui d'en être privée là même où on croit qu'il affleure — d'où une complicité, entre eux, une solidarité au sein de l'exil, qui lui rend certes d'autant plus dure la distance où elle le garde. Tous les deux souffraient de même façon de la contradiction qui marque la vie. C'est cette expérience commune, vécue dès la fin de l'enfance, que désigne métaphoriquement, dans Among School Children, le récit encore bouleversé de chagrin que Maud Gonne avait fait à Yeats — au début de leur amitié, penchée sur un reste de feu —, d'un mauvais souvenir d'enfance : après quoi, dit-il, ils avaient été un moment, et peut-être toute leur vie, comme « le blanc et le jaune d'un même œuf ».

Tous deux pensèrent, en somme, lui clairement, elle par le détour de sa passion politique, qu'il y a dans la vie un nœud *indéfaisable de plénitude et de nuit, d'immédiateté glorieuse et de mort. Et contraint ainsi à deux pensées qui s'opposent, voué à aimer le monde autant qu'à le détester, Yeats ne fut certainement pas, en dépit des incertitudes de quelques premiers poèmes, un de ceux qui à son époque crurent pouvoir se dire des symbolistes parce qu'ils recueillaient d'un monde qu'ils n'aimaient pas quelques bribes de sensation susceptibles de purification esthétique, afin de reconstruire par artifice un réel supposé supérieur au nôtre. Yeats n'a jamais pu que parler de cette vie-ci, malgré beaucoup de métaphysique et quelques mythes bizarres, et malgré même ses pratiques occasionnelles de magicien amateur ; et jamais non plus il ne s'est prêté au rêve d'une sagesse qui compenserait par l'esprit l'usure du corps : plutôt s'en moquerait-il, affirmant que le Paradis de Plotin, l'ascète, c'est, sur le rivage grec, au soleil, de copuler dans l'écume. Il remarque, avec crainte, que c'est l'affaiblissement intellectuel qui va de pair, bien souvent, avec la décrépitude physique ; il pense que sa seule lucidité sera, avec l'âge, de constater l'illusoire de ses rêveries d'autrefois, ce qui le laissera seul au sein de son œuvre même ; et de la société de la femme qui a vieilli, serait-elle l'ancienne inspiratrice, il n'attend qu'une conversation sous la lampe dont ils ont voilé la lumière, à propos d'un art et d'une beauté qui leur sont restés des énigmes. Ce monde n'a pas d'issue, puisqu'il est en soi-même la valeur qu'il suggère qu'on lui oppose. Et la seule vérité concevable, c'est donc de l'affirmer en dépit de tout, comme fait le vieux barde dans* The Poet Owen Hanrahan. *Celui-ci lui aussi pourrait se plaindre, laisse entendre Yeats, n'est-il pas vieux, déjà hors du monde :*

But he calls down a blessing on the blossom of the May
Because it comes in beauty and in beauty dies away.

La beauté peut être le signe même de notre manque, elle n'en est pas moins au cœur de la vie, et la seule tâche poétique, le seul avenir du rêve, c'est d'en réaffirmer le fait ici, parmi nous — et la valeur, aussi énigmatique demeure-t-elle.

Et deux remarques peuvent en ce point être faites, quant à deux grands intérêts qui ont traversé toute l'œuvre et la vie de Yeats, et pourraient sembler contredire cette conclusion philosophiquement pessimiste.

Le premier, la terre d'Irlande, qui fut très tôt dans cette existence le chiffre auquel agréger beaucoup des perceptions les plus chères. Yeats avait tôt entendu les vieilles femmes des fermes, ou les gueux sur les grands chemins, chanter d'anciennes chansons — certaines déjà à demi perdues — qui donnaient l'impression d'une intensité, d'une transparence mystérieuses de la vie, aux temps révolus de la culture celtique ; il pouvait aussi constater en quelques esprits de son époque, comme John Synge ou Lady Gregory, son amie, qui recueillait l'ancienne littérature, une capacité éminemment poétique, dans des lieux de grande beauté naturelle, ainsi Coole Park, où l'été les réunissait ; et il ne put que rêver qu'il suffirait de dégager son pays des aliénations dont l'histoire avait été cause, du fait des dominations étrangères, pour en faire à nouveau l'espace privilégié d'une connivence entre l'absolu et le monde. La contradiction dont notre vie souffre, autrement dit, n'est-elle pas simplement l'effet d'une mauvaise lecture de sa relation à soi et au monde, erreur qu'une sagesse, non de l'âge, et philosophique, mais de la jeunesse, de l'origine, pourrait dissiper un jour, quelques grands mythes aidant ? Mais qu'il est significatif que dans la chanson de l'Irlande ancienne que Yeats a aimée le plus, et dont il a fait un poème, dès ses débuts, Down by the Salley Gardens, *il y ait auprès du jeune homme qui rêve — signifiant ainsi l'illusion qui s'attache à la poésie — cette fille qu'anime une sorte de bon sens pénétré de mélancolie, comme si déjà dans ce monde de l'origine il était bon de savoir que la vie n'est que plénitude furtive, à prendre comme elle vient, dans l'instant !*

She bid me take love easy, as the leaves grow on the tree ;
But I, being young and foolish, with her would not agree.

(Elle me dit de prendre l'amour simplement, ainsi que poussent les feuilles,
Mais moi j'étais jeune et fou et n'ai pas voulu la comprendre.)

14

Quand Yeats entendit le fragment de cette chanson qu'avait conservé une paysanne du Sligo qui souvent, dit-il, le chantait encore, vaquant aux tâches de ses journées, il en fut bouleversé, il n'eut de cesse qu'il n'eût reconstitué le vieil air. Pourquoi ? Parce que ces paroles disaient à merveille sa nostalgie, mais aussi sa lucidité naissante, et du coup lui venaient en aide. L'Irlande n'a pas à être l'idéalisation qui tournerait vite aux sophistications sans substance, comme le moyen âge dans l'imagerie préraphaélite, il faut, aussi difficile cela soit-il, la voir plutôt sous les traits de la jeune fille qui sait d'instinct ce qu'est l'existence. Et, de fait, le patriotisme de Yeats n'est pas foncièrement différent de sa poétique lucide. Conscient de la beauté de l'Irlande, de la qualité de sa culture, mais toujours prêt à dénoncer leurs faiblesses — c'est Nineteen Hundred and Nineteen, entre autres poèmes —, il ne demande à sa patrie malheureuse que d'être une conscience aussi avertie — aussi déchirée — qu'il l'est lui-même, et c'est là un rapport comme existentiel, où compassion se marie à exigence.

Et la deuxième remarque est évidemment à propos du christianisme, qui est lui aussi un appel qui peut bouleverser l'existence en proie à la finitude mais que Yeats, assez vite, écarte de sa pensée, parce que ce Dieu qui a tous les moyens, et l'amour, ne veut pas assez pour la terre. Il y a un étonnement de cet esprit pourtant habitué à la religion — ses ancêtres comptaient des pasteurs anglicans parmi eux, il le rappellera dans Under Mount Bulben, le dernier de ses grands poèmes —, un étonnement devant le Christ dont il comprend mal le projet, ni surtout que ce soit un projet divin. Si Yeats sait ce qu'est la compassion — bien des poèmes le prouvent — et peut donc entendre l'idée d'un sacrifice de Dieu, il a trop, en revanche, le sentiment instinctif de la plénitude charnelle, il désire trop l'approfondissement du rapport de l'être et de la nature pour comprendre pourquoi Jésus n'a enseigné que la charité doloriste, celle qui ne suggère de partager que ce qui sépare du corps, alors que c'est celui-ci qui lui semble le lieu de vérité de la vie, d'où une éthique tout autre, qui serait éros autant qu'agapé. Le Sauveur selon Yeats n'est pas le dieu

15

qui veut mourir sur la Croix — les Rois mages d'un des poèmes
s'étonnent de l' « agitation du Calvaire » — mais celui qui était
né sur le « bestial floor » parmi les animaux de l'étable, riche
d'un mystère encore incompris dans ce monde. En fait, s'agirait-
il de se sacrifier, ce serait bien plutôt en art qu'il faudrait le
faire : car l'artiste est celui qui renonce au peu d'assouvissement
terrestre qui nous demeure accessible, afin de réaliser une œuvre
où de l'intensité va être produite, ouvrant peut-être une voie.

II

Le lieu, en somme, est la poésie, aussi bien pour le ressaisisse-
ment éventuel que pour la mesure à prendre des contradictions
dont on souffre. Et il s'ensuit que la création selon Yeats n'est
certainement pas ce que Mallarmé — que le jeune Irlandais
voulut connaître quand il séjourna à Paris, et dont il aima
Hérodiade, en version anglaise — avait voulu pour sa part, dans
sa propre critique de l'illusoire du monde : c'est-à-dire un texte,
reconnu une fin en soi. Puisque Yeats n'a rien à objecter à ce qui
a lieu dans l'existence quand celle-ci atteint à l'intensité dont elle
est capable, pourquoi serait-il tenté, en effet, de se vouer à des
relations qui ne s'établissent qu'entre des mots ? Ce n'est pas
qu'il n'attache pas la plus extrême importance à la qualité
verbale, au vers qui va jusqu'au bout des virtualités sonores de
la langue, la preuve en est sa lecture à voix haute, très accentuée,
dans l'enregistrement qui nous est resté. Mais cette beauté des
mots n'est pour lui, passée sa première époque, que la fulguration
par laquelle l'esprit échappe — pour un instant, rien de plus, et
par simplement un reflet — à notre inhabileté ordinaire à vivre
dans l'absolu. Et elle s'accompagne de ce qui, pour une poétique
« mallarméenne », serait de terribles négligences, ainsi la répéti-
tion non signifiante de mots, par quoi le voici qui revient à la
condition ordinaire. Illuminante, transfigurante, la beauté se
ramasse chez Yeats en une image, en un brusque et fugace éclair
— the dolphin-torn, the gong-tormented sea —, et cela parce

16

qu'elle est l'unité qui soudain affleure et la surprise qui lui répond — instant d'adhésion passionnée — avant que la nostalgie ne reprenne. Et elle n'exprime donc que sa propre précarité, avec toujours quelque chose de très rapide autant que de merveilleusement lumineux. They came like swallows and like swallows went... Yeats parlait là de quelques poètes (dans Coole Park, 1929). Mais plus en profondeur il disait par ce vers qui passe comme une flèche que les poètes ne font entendre que des cris brefs, insituables dans la lumière, telles les hirondelles du ciel d'été.

Cette fulgurance même a d'ailleurs dans sa poésie une histoire, qui révèle qu'elle fut pour lui une découverte, avant d'être son expression la plus haute, et fait de sa récurrence à des moments plus facile puis à d'autres plus douloureuse quelque chose d'existentiel, non de simplement artistique. Dans les œuvres les plus anciennes de Yeats, The Rose, de 1893, The Wind among the Reeds, de 1899, l'imagination s'attarde encore là où l'on suppose des fées, d'où des figures fragiles qui ont besoin pour survivre de beaucoup de précautions esthétiques, comme dans les tapisseries de William Morris ces entrelacs végétaux autour de gestes hiératisés. Il s'agit alors d'enraciner l'invisible dans le visible, une bonne brume de rythmes souples est aussi utile à cela que les références mythologiques et le vocabulaire précieux, et la foudre qu'on sent qui rôde en est pour un temps différée. Mais Yeats constate rapidement que toute cette « famous harmony of leaves », tout cet effet de tenture aux mille fleurs, redessinée par les Victoriens,

Had blotted out man's image and his cry

et dans ce poème fameux, The Sorrow of Love, c'est par un vers du type nouveau :

A girl arose that had red mournful lips,

que l'écriture encore un peu trop artiste se déchire : ces mots étant d'ailleurs une évocation de Maud Gonne, ce qui montre bien de quelle nature contradictoire, paradoxale, à la fois

17

plénitude et mort, est pour Yeats l'expérience de la beauté. En
vérité, c'est la fascination pour un être qui lui-même rompait
avec l'idéalisation conventionnelle et factice, c'est Maud Gonne
qui a permis à sa poésie ses premiers moments de fulguration —
c'est elle qui fut le « burning cloud » qui en dissipa les brumes.
Dès No Second Troy, *en 1912, un éclair de la même sorte :*

Was there another Troy for her to burn ?

reconnaît ce fait autant qu'il l'exprime, révèle que la poésie
symboliste, avec ses parapets de mots rares et ses mâchicoulis de
symboles, est elle aussi la nouvelle Troie que cette nouvelle
Hélène, dotée comme l'antique de la terrible beauté, va mettre
en feu et détruire ; et c'est Maud Gonne encore qui permettra à
Yeats, par la suite, d'approfondir l'intuition de la finitude qui est
au cœur de ces fulgurances : en vieillissant, simplement. Avait-il,
comme Rossetti et tant d'autres, aimé les peintres italiens
d'avant Raphaël pour leur qualité d'allégresse, avait-il recherché
dans leurs claires couleurs intenses les vestiges d'un âge d'or, en
tout cas il est maintenant attentif à ce qui chez les plus tardifs,
tels Mantegna, ou le Botticelli de la fin, est sentiment tragique,
sens de la mort, et il peut écrire de son amie, à propos de son
« image présente » :

Did Quattrocento finger fashion it,
Hollow of cheek as though it drank the wind,

ce qui achève de révéler sur quel néant au sein de la vie il
comprend maintenant que la joie poétique doit se gagner. Dès la
première guerre mondiale l'écart s'est creusé chez Yeats entre les
instants de délivrance, dits par d'admirables grands vers, et
l'ordinaire des strophes, qui ne se refusent plus à la réalité comme
elle est, et s'ouvrent pour cela aux mots et aux tours les plus
familiers ainsi qu'aux événements de la vie — les amis, par
exemple, Augusta Gregory, la maison de celle-ci à Coole Park ou
la sienne propre à Thoor Ballylee — et à la situation politique,
qui a atteint à la tragédie avec la révolution irlandaise.
L'Irlande aussi peut être le « burning cloud », dont le feu creuse

sa faille entre absolu et parole avant que la poésie ne les réunisse par le grand arc de l'éclair.

Un éclair qui traverse d'ailleurs nombre de symboles, dans ces poèmes : ce qui peut donner à penser que leur auteur a accepté, tout de même, au moins une bonne part encore des spéculations de la fin du siècle sur le monde invisible et ses reflets dans le nôtre. De grands symboles traditionnels sont au cœur de la poésie de Yeats, c'est vrai, et lui-même s'est maintes fois attaché aux déchiffrements qu'en proposent, à insistants mots couverts, les sociétés d'occultistes. Mais en cette recherche aussi on le voit détourné très vite de ce qui ne ferait que bâtir une idéalité sans substance, et désireux de rapatrier les symboles dans son existence la plus immédiatement quotidienne, au risque de s'approcher de ce fait d'opérations qui aujourd'hui ne sont plus crédibles. Ce n'est pas pour aboutir à quelque « livre » mallarméen qu'il propose à l'Hermetic Society de réunir les affirmations des poètes « dans leurs plus beaux moments », mais en vue d'une sorte de liturgie, avec des velléités de magie blanche. Et on le voit consciencieusement invoquer la lune, et noter ses visions de centaures ou de femmes nues apparues la nuit sur des piédestaux — interrogeant sur leur sens ses amis hermétistes ou cabalistes. Mais, là encore, la lucidité intervient, qui prend la forme d'un retour de la réalité ordinaire dans l'espace spéculatif. S'agit-il d'entrer en contact avec les morts, dans All Souls' Night ? Non, Yeats va plutôt s'y remémorer ce qui faisait l'être propre de quelques personnes aimées (non parfois sans agacement), il s'attarde à ce qui les mobilisait jadis, pathétiquement, contre la pensée du néant ; et c'est au total la compassion sans espoir qui domine dans cet admirable poème, avec cet humour un peu fou qui est la pudeur du courage. Les symboles, mais pour retourner le sol du vécu, non pour lui substituer les mondes du rêve. Le soleil couchant, les nuées, mais parce qu'ils lui rappellent les destinées héroïques, grandeurs qui ont à sombrer parmi la sottise et les malveillances. Et les cygnes, chiffres traditionnels de la condition poétique, mais parce que Yeats regarde souvent les cygnes bien réels de Coole Park, qui disent de tout l'éclat de leur *pérennité apparente, vingt ans ou presque après sa plus ancienne visite, que le visiteur a vieilli. Le cygne de Yeats est d'ailleurs beaucoup moins la blancheur immaculée que la sexualité sauvage, la pulsion aveugle et cruelle. Il ne signifie que l'instinct qui prend le pas sur le souci de la vérité, sur le désir de sagesse, ce qui fait qu'il peut devenir aussi, avec les années, l'épiphanie du non-sens là même où l'on voit encore les ruines des rêves de transcendance qu'on lui avait associés. Tel est là le sens des vers sublimes qui ouvrent la troisième partie de* Nineteen Hundred and Nineteen :*

> Some moralist or mythological poet
> Compares the solitary soul to a swan ;
> I am satisfied with that,
> Satisfied if a troubled mirror show it,
> Before that brief gleam of its life be gone,
> An image of its state ;
> The wings half spread for flight,
> The breast thrust out in pride
> Whether to play, or to ride
> Those winds that clamour of approaching night.

Et quant à la défaite du symbolique, quant à l'ampleur du déni que Yeats a fini par lui opposer, qu'on lise, si on en doute, The Circus Animals' Desertion *où, guère avant qu'il ne meure, le poète qui avait célébré jadis les héros surnaturels de l'Irlande, et nourri de ces rêves tant de ses œuvres, compare celles-ci à de vieilles bouteilles vides, à des boîtes cassées que le vent balaye au hasard des rues, à des défroques dans des bazars. S'il y a ici symbolisme encore, c'est pour marquer que tout symbole est mensonge qui ne prend pas en compte notre finitude, sinon même notre non-sens. « Quinze apparitions ai-je vues », écrivait Yeats aussi en ces mêmes années ultimes, « mais la pire », c'est-à-dire la seule vraie, « a coat upon a coat-hanger », un manteau sur un portemanteau, l'absence sous la parure.*

Non, la poésie de Yeats n'est pas de ces textes que la peur de la mort referme sur le réseau de leurs relations internes, supposées la seule beauté, elle est trop traversée d'éblouissements qui viennent d'en dehors d'eux, c'est-à-dire de cette finitude où sont à la fois les frustrations, le malheur et les seules joies qui importent. Un rêve, qui recommence à chaque fois que c'est l'ombre qu'on a saisie, non la proie, mais aussi bien le courage qui fait qu'on se jette dans ce néant parce que c'est là qu'on pressent la vraie lumière. Et l'extraordinaire, le grand accomplissement dont Yeats est ainsi l'exemple, c'est que dans cette tension entre deux formes de la conscience, sa poésie, cet emploi des mots si tenté de se dégager du fini, de se rabattre sur l'écriture, non seulement ne l'a pas voulu, mais demeure chant, un chant instinctif, fait de tout le corps, comme l'indiquent les rythmes. Qu'est-ce que la musique des mots, chez Yeats ? Souvent, sans doute, dans sa première époque, une incantation qui n'a d'objet qu'intérieur à soi, dans l'imaginaire, et on pourrait être tenté d'en donner pour exemple The Lake Isle of Innisfree, de 1890, où il dit qu'il entend l'eau d'un petit lac oublié clapoter soudain, dans le secret de son cœur. Mais déjà dans ce poème, écrit à Londres, c'est-à-dire loin des lieux de l'enfance, et à la suite d'une expérience en somme presque proustienne, s'inscrit le mouvement typiquement yeatsien de l'arrachement à la condition présente, de l'adhésion à une réalité qui n'est rien de plus que son propre fait de chose de la nature. Certes, Yeats se montre ici fasciné encore par la rumeur d'outre-monde de l'île au milieu du lac, enveloppée de légendes. Mais qu'il est remué par l'idée des trois plants de haricots qu'il pourrait avoir là près de sa cabane, nouveau Thoreau, comme il est d'avance enivré par le bourdonnement des abeilles ! I will arise and go now, and go to Innisfree ! Née dans l'ambiguïté — laquelle séduit, d'ailleurs, d'où la célébrité, la popularité de ces vers —, la musique de Yeats cesse vite d'être la serre qui protège de ses vapeurs les plantes frêles du mythe. Troublée, elle hésite mais se reprend et se découvre unité, c'est-à-dire rythme, à un niveau plus profond, celui où paraît une force qui est, dans l'esprit et même le corps, quelque chose de plus que les désirs ordinaires :

An aged man is but a paltry thing,
A tattered coat upon a stick, unless
Soul clap its hands and sing, and louder sing
For every tatter in its mortal dress,

indique Yeats dans Sailing to Byzantium, *et s'il pense ne vouloir là, à ce moment de sa réflexion, que l'élévation platonicienne qui tend à briser le désir, les mots qu'il emploie révèlent, debout et dansant comme ils sont, que cette ambition peut vaincre, dans la personne, sans que mémoire se perde du lieu terrestre.*

Précisément parce que Yeats ne décrie jamais la réalité sensible que par intérêt fasciné pour elle, sa poésie a beau désespérer, elle n'en va que plus vite à cette île d'Innisfree, le rythme profond de l'univers ; et d'être ainsi le chant continué dans des situations de dépossession où règnent d'ordinaire les mots et les façons de la prose, elle accède à une liberté inusuelle, malgré son observation des conventions prosodiques, lesquelles furent d'ailleurs toujours plus souples en langue anglaise qu'elles ne l'ont été en français. Que de citations devrais-je faire, de ces poèmes, pour évoquer cette final joy, *cette « joie de par-dessus tout » que Yeats dit pour sa part avoir entendue dans des paroles d'Hamlet — est-ce quand il donne* his dying voice ? *— ou dans les adieux de Cléopâtre, ou dans les exclamations de Lear sous l'orage ? Du fait de cette liberté et de cette joie les plus grands moments de Yeats atteignent précisément à la qualité de Shakespeare, dont le pentamètre a pris en charge, on n'a jamais cessé de le vérifier, toute la variété de la chose humaine. Impétueuse, boitant hardiment puisqu'il le faut, cette poétique de notre siècle a retrouvé la familiarité avec l'Un que la cosmologie et l'anthropologie, médiévales encore, de l'époque élizabéthaine rendaient évidemment plus facile, et elle indique aussi ce qui a permis cette maintenance, dans un temps où pourtant un monde s'écroule, comme tout le premier Yeats l'indique dans* The Second Coming *ou* Les Gyres. *Cette raison, c'est l'adhésion à la « floraison de mai », à l'évidence, à la terre, et cela parce qu'elle n'est pas* raisonnée, ou altérée par quelque Idéal, mais violente, mais instinctive.

Ceci dit, c'est également cette joie que Rimbaud, qui n'avait que onze ans de plus que Yeats, a recherchée lui aussi, a voulu ranimer par un coup de force de l'âme, mais a dû laisser s'obscurcir, à peine avait-elle brillé dans Ma Bohème ou d'autres premières pages ; et c'est elle aussi, spécifiquement, que Mallarmé juge et refuse, quand il oppose à l'existence incarnée l'élaboration d'un système de notions pures que la sensibilité artiste, aussi détachée que sensuelle, prélève sur le vécu. Ni Rimbaud ni Mallarmé ne furent capables, pour des raisons différentes, de l'étrange mais vrai bonheur dont résonnent les plus fortes pages de Yeats. Et pas davantage ne l'a été ce cadet de celui-ci, et son proche, T. S. Eliot qui, l'année même où le poète irlandais atteint à son moment le plus haut — l'apex est en 1926, avec Sailing to Byzantium, Two Songs for a Play, Among School Children —, vient de publier à Londres The Waste Land, où se reconnaît une époque. Cette œuvre ne le cède qu'à Yeats dans la langue anglaise contemporaine. Et elle a son origine dans le même lieu de l'esprit, qui est la perception des contradictions de l'existence, de l'esseulement des êtres, du déjointement de la conscience et des choses jadis imprégnées de sens. Mais The Waste Land ne sait pas résister à ce désordre qu'il montre, les signes n'y apparaissent qu'opaques et comme morts, et l'œuvre n'est poème que par la nostalgie d'unité qui l'anime d'une façon déchirante mais sans apporter de salut. Pourquoi cette incapacité de tant des témoins de l' « heure nouvelle » à l'adhésion salvatrice dont Yeats encore est capable ? Mais c'est qu'il ne s'agit que d'aimer, ce qui est bien le plus difficile — étant en un sens trop simple — dans les époques de crise. I do love thee, s'écriait Othello l'Elizabéthain, and when I love thee not, Chaos is come again. Et alors, ajoute-t-il, avec déjà la sorte d'angoisse d'Une Saison en enfer, Perdition catch my soul, l'Enfer emporte mon âme. Tout se joue, c'est vrai, tout se joue à jamais, dans cette alternative fondamentale ; et l'être n'est, et la

23

poésie n'a lieu, que par un acte de foi qui triomphe de ces jeux de miroirs que nous nommons le langage.

III

Et c'est évidemment cet élan, cette fougue de l'esprit à rebâtir ce que l'esprit brise, à être parole malgré les mots, qu'il faut que le traducteur de Yeats recommence ou du moins essaie de revivre, d'où un problème, s'il prend sa tâche au sérieux. Que ce courage, que cette liberté reconquise par Yeats de haute lutte, aient à vibrer, tant soit peu, dans la traduction, et alors ne faut-il pas que celui qui la tente ait droit de décider qu'il ne s'embarrassera pas de soucis qui, légitimes pourtant du point de vue de l'exactitude philologique, pourraient rétablir en lui, et pour cela même, trop de dévotion au langage ? Le poème était le miracle des contradictions résolues, d'une souveraineté soudain vécue comme naturelle. Qu'a-t-on le droit de sacrifier de sa lettre pour mieux préserver cette autorité, qui en est le sens et la raison d'être ?

Mais une remarque d'abord, sur la structure d'une œuvre poétique de Yeats. Elle est un emportement, ai-je souligné, un élan irraisonné, comme nos actions les plus instinctives ; mais on n'y rencontre pas moins une pensée maîtrisée, une suite d'idées explicitées et précises, ce qui va peut-être surprendre. Que d'auteurs, en effet, depuis déjà plus d'un siècle, pour dissocier le poème de toute intention de dire, et refuser tout projet de sens qui soit autre que morcelé ou furtif ! Chez Mallarmé, par exemple, le discursif est l'objet d'un déni, au moins théorique. Son sonnet « en yx » ne veut évoquer que des apparences redevenues étrangères à nos visées, où s'amuïssent par consé-quent les relations conceptuelles. Reste que ces quatorze vers ont prêté à des interprétations, qui sont même, en leur cas, plus nombreuses qu'à l'ordinaire : et aussi bien me semble-t-il impossible que l'auteur qui donne vie à un texte puisse empêcher son esprit d'y former du sens et son inconscient des fantasmes. De

24

la pensée est active — j'entends, se maintient, cherche à s'énoncer — dans tout poème, même si la poésie comme telle y est l'acte qui la transcende, étant attestation d'unité, recherche d'une présence. Et la fonction de cette pensée est précisément d'articuler l'expérience d'outre-langage à une mémoire, une conscience, une vie qui restent particulières.

Or, cette méditation qui est donc le propre de chaque auteur, qu'il le sache ou pas, qu'il le veuille ou non, on la voit se marquer chez Yeats d'une façon qui ne pouvait être, pour lui surtout, que complexe, puisqu'elle touche à l'essence même de ce rapport à soi où spéculation et désillusion tiennent tant de place. — Présente dans ces pages, d'abord, la pensée qu'on peut dire a priori : métaphysique ou cosmologie — ou magie — dont se nourrissent les rêves. C'est par exemple la théorie des « gyres », explicitée dans Une vision mais évoquée aussi dans les vers, depuis 1918. Mais plus importante encore, car il s'agit maintenant de l'invention même des textes, une réflexion très consciente qui naît à leurs premiers mots, ou un peu avant, à la suite d'une émotion qu'a éprouvée Yeats, ce qui l'a conduit à des jugements qu'il veut aussitôt exprimer. Dans Mad as the Mist and Snow, par exemple, il sait que brume et neige tournoient dehors dans le vent nocturne, mais lui est dans la maison fermée, où un feu brûle ; et là on pourrait croire qu'il ne se livre qu'à une juxtaposition d'impressions physiques et de demi-souvenirs : pour un autre « sonnet en yx », justement, bien que moins rigoureusement réduit à l'être-là des objets et sans pensée qu'à peine ébauchée et flottante, comme encore un peu de neige légère dans cette fois la pénombre de la lourde lampe et du feu de tourbe. Mais un raisonnement n'en est pas moins actif dans ces images furtives, il en charpente l'ensemble. Car le logis refermé sur sa chaleur et ses livres, c'est la sécurité, le confort que se sont gagnés le poète et celui ou celle à laquelle il parle, grâce à l'expérience, à la culture — et à la raison qui les a conduites. Ce n'est plus eux maintenant qui peuvent se dire fous comme la brume et la neige. Toutefois, est-il suggéré, ils furent cela, qu'ils ne sont plus, et c'est donc qu'ils ont cessé d'être jeunes, et que

25

vaut dès lors cette sagesse ? À celle-ci de comprendre, avec un frisson de peur, ce que Cicéron et même Homère savaient : que rien ne vaut la simple jeunesse, aussi imprudente soit-elle.

Ce poème n'est donc qu'apparemment décousu ; et même s'il ouvre à d'autres lectures que celle-ci, et surtout nous met en présence, avec ses flocons dans la nuit, d'un silence du monde où toute pensée se résorbe, il n'en impose pas moins une ligne de sens en somme majeure, et qu'on ne saurait négliger sans tout appauvrir de façon profonde. Et d'ailleurs Yeats lui-même a formellement attesté le fait de cette pensée, qui naît dès les premiers vers et se développe le long des strophes sans perdre pour autant le contact avec ce qu'a un poème de spécifiquement poétique. Ce fut le cas d'Innisfree, dont une lettre rapporte que cette page est issue d'un bruit de gouttes d'eau effectivement perçu, et du désir de quitter la ville que ce tintement suscita. Et semblablement d'Among School Children, où cette fois le « raisonnement » fut médité par avance, puisque Yeats a écrit dans un carnet, qui est de trois mois plus tôt : « Sujet de poème. — Des écoliers et la pensée que la vie va les gaspiller, la pensée que peut-être aucune vie concevable ne peut répondre à nos rêves pour eux, ou même aux espérances de leurs éducateurs. Introduire la vieille idée que la vie prépare à ce qui n'arrive jamais. » Yeats avait visité dans son rôle nouveau de sénateur de l'État libre d'Irlande une école Montessori. Et avait-il pensé à Maud Gonne en remarquant là une petite écolière, comme le poème le suggère, on ne peut guère en douter, si naturellement se réveille devant l'enfant d'aujourd'hui le souvenir douloureux d'une émotion d'autrefois, celle dont aussitôt la pensée procède, non sans connaître ces déviations et ces diffractions que provoquent dans l'écriture les associations inconscientes. Dans Among School Children autant sinon plus qu'en aucun autre poème de Yeats la succession des idées donne une impression d'allées et venues, d'errance, aux confins du contradictoire, Cleanth Brooks l'a bien souligné dans une étude célèbre. Mais ce n'est pas là manque de rigueur au sein de l'idée maîtresse, c'est l'implication progressive de toute une existence dans celle-ci, d'où suit que ce qui aurait pu n'être rien qu'un thème — et philosophie versifiée — se porte au-devant du mystère et, aux derniers vers, peut le signifier. La pensée, chez Yeats, et c'est en quoi il est grand poète, est la collaboration de la conscience et de l'inconscient, c'est la fusion maîtrisée, fructueuse, dont notre époque est si peu capable.

Et il faut donc, cette « pensée », ce « raisonnement », les traduire, autant qu'il faut s'attacher à l'ardeur dont on les voit naître, et cela peut sembler ajouter encore aux difficultés de la tâche. Mais la réflexion yeatsienne a toujours quelque chose de si universel, de si indépendant de telle ou telle sorte de langue, ainsi ces livres auprès du feu dans la maison sous la neige, qu'il est presque possible de pleinement la revivre dans d'autres mots que ceux de la langue anglaise. Et plutôt qu'un surcroît d'empêchement elle est donc la clef qui peut ouvrir à ce temple où une épiphanie a peut-être eu lieu, où un rituel se célèbre. À se conformer à ce qu'elle dit, on pourra faire en français aussi quelques-uns des pas de l'approche. Encore est-il nécessaire d'obéir à quelques principes.

Le premier, de fidélité absolue à cette ligne du sens là où elle a sa rigueur, c'est-à-dire non tant dans les acceptions ordinaires, celles qu'offre le dictionnaire, qu'au plus près du débat qu'ont eu les mots dans le texte avec les données d'une vie ou les chiffres d'une pensée ou d'un rêve : et j'avoue mon irritation devant nombre de traductions qui aux vocables d'un texte apparient des mots de leur langue sans retraverser ce conflit du conscient et de l'inconscient — et parfois cette paix, ensuite —, comme si leurs auteurs pensaient que les poètes disent n'importe quoi, se souciant surtout d'agiter des mots. Rien de pire pourtant que ces phrases qui laissent la sympathie sur sa faim, mieux vaut l'interprétation erronée que cette glu du vague où ne s'élabore aucune forme vivante, et où l'exigence première se superficialise donc, et se banalise. Il n'est pas bon de traduire si c'est pour mettre en circulation ce qui méconnaît que la poésie se joue dans une tension du sens autant que des mots, des signifiés autant que des signifiants. Déjà la multiplication des traductions aujour-

27

d'hui, dont la majorité ne mesure pas assez l'importance des rythmes, de l'allant rythmique des phrases — de l' « état chantant », disait Valéry — a-t-elle trop habitué le lecteur à des textes qu'on n'entend plus vibrer dans leur profondeur comme les cordes d'un instrument. C'est comme si on substituait le livret à l'opéra, et sans le dire ni même le savoir.

Et le second principe : que s'il s'agit donc d'être fidèle à ce sens qui se porte vers l'indicible, il ne faudra pas hésiter à suivre la pensée du poète là où elle va dans les mots mais à des moments s'y dérobe par obscurité ou ellipse sous l'enchevêtrement des significations latérales, alors pourtant qu'on sent bien que l'auteur n'a jamais cessé d'en soutenir la visée. Et cela, qui chez le lecteur s'appelle comprendre, c'est en traduction expliciter, ce qu'il ne faut donc pas refuser de faire, quitte à encourir des périls. Du moment en effet que l'on a porté l'analyse là où l'intuition, la méditation premières se sont laissé recouvrir par les flux et reflux d'une écriture pour une part inconsciente, la traduction va être plus « claire » et paraître plus cohérente que l'œuvre : ce qui en est une distorsion. Mais faut-il préférer que se rompe dans la version en français — et là, évidemment, sans recours — ce que le lecteur du poème original a toujours, lui, les moyens de chercher à suivre, ou à renouer : à savoir le fil de la réflexion que Yeats a fini par conduire à terme ? Qu'aurions-nous obtenu de bon si, faute de préserver cette ardente continuité du « raisonnement », qui vaut bien la continuité des mots dans la matière textuelle, nous laissions croire à un Yeats simple jongleur d'idées, simple employeur de « thèmes » qu'il oublierait de poursuivre à chaque fois qu'ils le gênent ? En vérité, ce serait là faire injure aussi à ce qu'on nomme le texte, en laissant croire que les mots y sont toujours aussi déjointés que dans ces traductions en surface. Mieux vaut se résigner à la nécessaire violence de l'explication, en des points, et se demander mainte-nant si cette violence n'est pas, d'une autre façon, réparable.

Ce qui, heureusement, est le cas, puisque interpréter, là où il le faut, aller au-devant de la pensée là où elle ne se dit plus qu'en énigme, c'est s'impliquer personnellement, à cause des choix qu'il *va falloir faire, et donc s'obliger à se mieux connaître, c'est-à-dire à changer, à devenir : d'où un afflux de problèmes qui vont interférer avec ceux de l'œuvre et regonfler de la densité d'un vécu, d'un inconscient, d'un imaginaire — les nôtres — la traduction que la recherche d'un sens risquait de rendre trop conceptuelle. Pour ne donner qu'un exemple de ce qui peut se produire ainsi, je reviendrai une fois encore à* Among School Children, *et cette fois à son moment décisif, quand l'ultime strophe commence :*

> Labour is blossoming or dancing where
> The body is not bruised to pleasure soul,
> Nor beauty born out of its own despair,
> Nor blear-eyed wisdom out of midnight oil.

a écrit Yeats, et c'est là, à mon sens, un de ces points où la pensée — puisque, à l'évidence, il y en a une — passe par l'ellipse ou l'ambiguïté sans pour autant être détrônée au profit de la masse de signifiants qui certes l'entoure et l'assaille ; d'où la nécessité pour le traducteur d'intervenir, sinon il laisserait se défaire les équilibres du texte. De quoi s'agit-il, dans ce cas ? D'une ambiguïté qui est dans le mot labour, *et qui est tout à fait nécessaire au sens, encore qu'elle le voile ; et de l'obligation où l'on est, puisqu'on ne peut la maintenir comme telle, dans notre langue, de renverser la hiérarchie des deux significations qu'elle unit dans le texte original, c'est-à-dire d'en dire plus que Yeats apparemment ne le fait. Le mot* labour *signifie* travail, *c'est ainsi qu'interprètes et traducteurs l'entendent d'ordinaire dans ce passage. Le « travail » refleurirait donc, le « travail » danserait dans les situations que les vers suivants énumèrent, et qui sont la recherche de la beauté, qu'il ne faut pas faire naître de sa propre désespérance, précise Yeats, et la recherche de la sagesse, qu'il faudra délivrer de l'aridité des spéculations abstraites — sans compter celle de l'harmonie, de la plénitude du corps. Mais pourquoi Yeats se bornerait-il maintenant à l'évocation de ce qui n'est que l'effort de la conscience, alors qu'il n'a cessé depuis le début du poème — et en accord avec ses notes préparatoires —*

29

de se préoccuper de l'existence au sens le plus biologique, des promesses que la vie peut sembler lui faire mais ne tient pas, et même des alarmes des mères ? Et ne faut-il donc pas, juste après les strophes qui ont décrit ces alarmes, comprendre ce mot labour en son autre sens, certes moins fréquent, qui dit le travail de l'accouchement : ces affres qui ne peuvent être qu'en vain s'il est vrai que toute existence est le naufrage d'un rêve, mais, qui sait, retrouveraient sens grâce à une autre façon de vivre ? C'est la vie et pas seulement le travail, c'est naître à la vie qui peut refleurir et se faire danse si la beauté, la sagesse, le corps lui-même sont rendus à la joie qui est en eux : si nous mettons en accord nos pouvoirs (car nous en avons) et nos valeurs, dans l'unisson dont le châtaignier est modèle — qui n'est qu'immédiateté confiante —, au lieu de nous déchirer dans la quête de l'Idéal. En somme, Yeats pourrait bien, pour clore sa réflexion sur Maud Gonne désormais vieillie, amaigrie, tragique, avoir avancé l'idée de la naissance divine dont l'humanité lui semble capable, bien qu'il ne l'ait pas reconnue — comme ses Mages le montrent — dans celle, doloriste, du Christ.

J'ai donc traduit labour par enfanter afin de sauver la pensée qui me paraît la plus importante — et qui me semble aussi l'apport principal du poème, en dépit de tout l'agrément que l'on peut trouver aux richesses propres du texte. Mais ce ne fut pas sans m'être senti obligé par cette décision même de reparcourir mes pensées, mes intuitions ici et là endormies, de réfléchir à la poésie, de retendre mes propres cordes. C'est dire que mes expériences, mes souvenirs, mes nostalgies, se sont investis, un peu plus encore, dans ma lecture d'un autre. Et que ma traduction s'est vue envahie de mes aveuglements, aussi bien, de mes impatiences ou ignorances : ce qui évidemment est néfaste mais tend à rétablir dans les mots la sorte de continuité, d'épaisseur qui est dans les poèmes qui valent. Un avantage apparaît ici, parmi d'indéniables périls. Plus une traduction interprète, ce qui est le cas si elle explicite, et plus elle en devient le reflet de qui l'a tentée, avec toutes ses différences. Mais pour être fidèle, il faut aussi être libre, et peut-on accéder à sa liberté si *l'on n'a pas eu ces occasions en fait légitimes d'aller, en lisant, au-devant de soi ? Traduire, ce n'est pas répéter, c'est d'abord se laisser convaincre. Et on n'est vraiment convaincu que si on a pu vérifier, au passage, sa pensée propre.*

Yves Bonnefoy

Poèmes

DOWN BY THE SALLEY GARDENS

Down by the salley gardens my love and I did meet ;
She passed the salley gardens with little snow-white feet.
She bid me take love easy, as the leaves grow on the tree ;
But I, being young and foolish, with her would not agree.

In a field by the river my love and I did stand,
And on my leaning shoulder she laid her snow-white hand.
She bid me take life easy, as the grass grows on the weirs ;
But I was young and foolish, and now am full of tears.

AU BAS DES JARDINS DE SAULES

Au bas des jardins de saules je t'ai rencontrée, mon amour.
Tu passais les jardins de saules d'un pied qui est comme neige.
Tu me dis de prendre l'amour simplement, ainsi que poussent
les feuilles,
Mais moi j'étais jeune et fou et n'ai pas voulu te comprendre.

Dans un champ près de la rivière nous nous sommes tenus, mon
amour,
Et sur mon épaule penchée tu posas ta main qui est comme
neige.
Tu me dis de prendre la vie simplement, comme l'herbe pousse
sur la levée,
Mais moi j'étais jeune et fou et depuis lors je te pleure.

THE ROSE OF THE WORLD

Who dreamed that beauty passes like a dream?
For these red lips, with all their mournful pride,
Mournful that no new wonder may betide,
Troy passed away in one high funeral gleam,
And Usna's children died.

We and the labouring world are passing by :
Amid men's souls, that waver and give place
Like the pale waters in their wintry race,
Under the passing stars, foam of the sky,
Lives on this lonely face.

Bow down, archangels, in your dim abode :
Before you were, or any hearts to beat,
Weary and kind one lingered by His seat ;
He made the world to be a grassy road
Before her wandering feet.

LA ROSE DU MONDE

Qui rêva que la beauté passe comme un rêve ?
Pour ces lèvres de feu, dont tout l'orgueil
Est de porter le deuil de la merveille,
Troie a passé, flamme au loin, funéraire,
Et les enfants d'Usna ont succombé.

Nous aussi, et le monde qui peine, nous passons :
Mais là, parmi les âmes qui tournoient
Avant de s'effacer comme les eaux promptes
De l'hiver incolore, là, parmi
Les étoiles qui passent, cette autre écume,
Un visage survit, une solitude.

Inclinez-vous, Archanges, dans vos pénombres !
Avant vous, avant même que cœur ne batte,
Lasse et bonne une femme s'attardait
Près du trône de Dieu ; et Lui,
Il fit de l'univers un grand chemin d'herbe
Pour ses pas vagabonds.

THE LAKE ISLE OF INNISFREE

I will arise and go now, and go to Innisfree,
And a small cabin build there, of clay and wattles made :
Nine bean-rows will I have there, a hive for the honeybee,
And live alone in the bee-loud glade.

And I shall have some peace there, for peace comes dropping
    slow,
Dropping from the veils of the morning to where the cricket
    sings ;
There midnight's all a glimmer, and noon a purple glow,
And evening full of the linnet's wings.

I will arise and go now, for always night and day
I hear lake water lapping with low sounds by the shore ;
While I stand on the roadway, or on the pavements grey,
I hear it in the deep heart's core.

L'ÎLE SUR LE LAC, À INNISFREE

Que je me lève et je parte, que je parte pour Innisfree,
Que je me bâtisse là une hutte, faite d'argile et de joncs.
J'aurai neuf rangs de haricots, j'aurai une ruche
Et dans ma clairière je vivrai seul, devenu le bruit des abeilles.

Et là j'aurai quelque paix car goutte à goutte la paix retombe
Des brumes du matin sur l'herbe où le grillon chante,
Et là minuit n'est qu'une lueur et midi est un rayon rouge
Et d'ailes de passereaux déborde le ciel du soir.

Que je me lève et je parte, car nuit et jour
J'entends clapoter l'eau paisible contre la rive.
Vais-je sur la grand route ou le pavé incolore,
Je l'entends dans l'âme du cœur.

THE PITY OF LOVE

A pity beyond all telling
Is hid in the heart of love :
The folk who are buying and selling,
The clouds on their journey above,
The cold wet winds ever blowing,
And the shadowy hazel grove
Where mouse-grey waters are flowing,
Threaten the head that I love.

LA PITIÉ DE L'AMOUR

Pitié plus qu'on ne peut dire
Se cache au cœur de l'amour,
Puisque tous ces gens qui trafiquent
Et le charroi des nuées,
Et tous ces vents froids qui soufflent
Sans fin leurs trompes de pluie,
Et ce bois de noisetiers sombre
Où l'eau court comme souris grises,
Tout menace l'être que j'aime.

THE SORROW OF LOVE

The brawling of a sparrow in the eaves,
The brilliant moon and all the milky sky,
And all that famous harmony of leaves,
Had blotted out man's image and his cry.

A girl arose that had red mournful lips
And seemed the greatness of the world in tears,
Doomed like Odysseus and the labouring ships
And proud as Priam murdered with his peers;

Arose, and on the instant clamorous eaves,
A climbing moon upon an empty sky,
And all that lamentation of the leaves,
Could but compose man's image and his cry.

LE CHAGRIN DE L'AMOUR

Le piaillement d'un moineau sur le toit,
La lune étincelante par tout le ciel
Et toute cette harmonie fameuse, les feuillages,
Avaient bien effacé l'image de l'homme, et son cri d'angoisse.

Mais une fille surgit, aux lèvres rouges de deuil,
Qui sembla la grandeur du monde en larmes,
Condamnée comme Ulysse et les vaisseaux qui boitent
Au loin, fière comme Priam assassiné.

Surgit, et dans l'instant les gouttières bruyantes,
La lune qui grimpait à un ciel vide
Et toute cette lamentation dans les feuillages
Ne purent qu'être l'image de l'homme, et tout son cri.

WHEN YOU ARE OLD

When you are old and grey and full of sleep,
And nodding by the fire, take down this book,
And slowly read, and dream of the soft look
Your eyes had once, and of their shadows deep;

How many loved your moments of glad grace,
And loved your beauty with love false or true,
But one man loved the pilgrim soul in you,
And loved the sorrows of your changing face;

And bending down beside the glowing bars,
Murmur, a little sadly, how Love fled
And paced upon the mountains overhead
And hid his face amid a crowd of stars.

QUAND TU SERAS BIEN VIEILLE...

Quand tu seras bien vieille et grise, dodelinant
Aux portes du sommeil près du feu : prends ce livre
Et lis sans te hâter, et rêve à la douceur
Qu'eurent tes yeux jadis, dans leurs ombres lourdes.

Combien aimaient alors ta grâce joyeuse,
Qu'ils aimaient ta beauté, de feint ou vrai amour !
Mais un seul homme aima en toi l'âme viatrice
Et aima les chagrins du visage qui change.

Penche-toi donc sur la grille embrasée
Et dis-toi, un peu triste, à voix basse : « Amour,
Tu as donc fui, tu as erré sans fin sur la montagne,
Tu t'es caché dans l'innombrable étoile. »

NO SECOND TROY

Why should I blame her that she filled my days
With misery, or that she would of late
Have taught to ignorant men most violent ways,
Or hurled the little streets upon the great,
Had they but courage equal to desire?
What could have made her peaceful with a mind
That nobleness made simple as a fire,
With beauty like a tightened bow, a kind
That is not natural in an age like this,
Being high and solitary and most stern?
Why, what could she have done, being what she is?
Was there another Troy for her to burn?

PAS D'AUTRE TROIE

Pourquoi la blâmerais-je, d'avoir empli
De détresse mes jours ou, récemment,
D'avoir prêché aux rustres la violence
Quitte à jeter rues basses contre hautes
Si leur courage eût suivi leur désir ?
D'où lui viendrait la paix, avec cet esprit
Si noble qu'il est simple, comme le feu,
Et cette beauté d'arc qui se tend, d'une sorte
Qui n'est plus naturelle en ce siècle-ci,
Étant altière, austère, solitaire ?
Oui, qu'eût-elle pu faire, étant ce qu'elle est ?
Y avait-il une autre Troie, pour cette torche ?

TO A CHILD
DANCING IN THE WIND

Dance there upon the shore;
What need have you to care
For wind or water's roar?
And tumble out your hair
That the salt drops have wet;
Being young you have not known
The fool's triumph, nor yet
Love lost as soon as won,
Nor the best labourer dead
And all the sheaves to bind.
What need have you to dread
The monstrous crying of wind?

À L'ENFANT
QUI DANSE DANS LE VENT

Danse là sur le rivage
Car pourquoi te soucierais-tu
Du vent ou de l'eau qui gronde ?
Et après secoue tes cheveux
Qu'ont trempés les gouttes amères.
Tu es jeune, tu ne sais pas
Que l'imbécile triomphe,
Ni qu'on perd l'amour aussitôt
Qu'on l'a gagné, ni qu'est mort
Celui qui œuvrait le mieux, mais laissa
Défaite toute la gerbe.
Ah, pourquoi aurais-tu la crainte
De l'horreur que clame le vent ?

TWO YEARS LATER

Has no one said those daring
Kind eyes should be more learn'd?
Or warned you how despairing
The moths are when they are burned?
I could have warned you; but you are young,
So we speak a different tongue.

O you will take whatever's offered
And dream that all the world's a friend.
Suffer as your mother suffered,
Be as broken in the end.
But I am old and you are young,
And I speak a barbarous tongue.

DEUX ANS PLUS TARD

Et personne ne t'a-t-il dit
Que l'œil qui ose et qui aime
Devrait être plus averti,
Ni instruite du désespoir
De l'éphémère qui brûle ?
J'aurais pu te l'apprendre, moi,
Mais tu es jeune, et nous parlons
Deux langues bien différentes.

Ah, tu prendras ce qui s'offre, tout,
Tu rêveras que le monde est bon,
Tu souffriras comme fit ta mère,
Brisée comme elle à la fin.
Mais je suis vieux, tu es jeune,
Je parle une langue barbare.

THE MAGI

Now as at all times I can see in the mind's eye,
In their stiff, painted clothes, the pale unsatisfied ones
Appear and disappear in the blue depth of the sky
With all their ancient faces like rain-beaten stones,
And all their helms of silver hovering side by side,
And all their eyes still fixed, hoping to find once more,
Being by Calvary's turbulence unsatisfied,
The uncontrollable mystery on the bestial floor.

LES MAGES

Aujourd'hui et comme toujours je peux les voir
Par les yeux de l'esprit,
Pâles, insatisfaits dans leurs lourdes étoffes peintes,
Paraître, disparaître dans le gouffre du bleu du ciel.
Ils ont des faces usées de pierres mangées de pluies
Dans la vague serrée des heaumes d'argent,
Et ces yeux qui veulent encore. Qu'espèrent-ils ?
Insatisfaits de l'agitation du Calvaire,
Rencontrer, à nouveau,
Le mystère que rien ne dompte, à même le sol dans l'étable.

THE WILD SWANS AT COOLE

The trees are in their autumn beauty,
The woodland paths are dry,
Under the October twilight the water
Mirrors a still sky;
Upon the brimming water among the stones
Are nine-and-fifty swans.

The nineteenth autumn has come upon me
Since I first made my count;
I saw, before I had well finished,
All suddenly mount
And scatter wheeling in great broken rings
Upon their clamorous wings.

I have looked upon those brilliant creatures,
And now my heart is sore.
All's changed since I, hearing at twilight,
The first time on this shore,
The bell-beat of their wings above my head,
Trod with a lighter tread.

Unwearied still, lover by lover,
They paddle in the cold
Companionable streams or climb the air;
Their hearts have not grown old;

LES CYGNES SAUVAGES À COOLE

C'est la beauté d'automne dans les arbres,
Sèches sont les allées dans le sous-bois,
Le lac, dans le crépuscule d'octobre,
Reflète la paix du ciel.
Et sur l'eau débordante parmi les pierres
Sont les cygnes, cinquante-neuf.

Le dix-neuvième automne a pesé sur moi
Depuis que j'en ai fait mon premier compte
Et les ai vus, quand j'y peinais encore,
S'élancer tous, d'un coup, et en tournant,
Grands anneaux qui se brisent, se disperser
Sur leurs ailes bruyantes.

J'ai regardé ces êtres de lumière
Et maintenant mon cœur souffre.
Tout est autre, depuis qu'en ce crépuscule
De mon premier passage sur ces rives,
J'ai entendu le battement de cloches
De leurs ailes, et marché d'un pas plus souple.

Sans lassitude à jamais, deux par deux,
Ils explorent le froid des courants propices
Ou gravissent le ciel. Leurs cœurs
N'ont pas vieilli. Où qu'ils veuillent errer

Passion or conquest, wander where they will,
Attend upon them still.

But now they drift on the still water,
Mysterious, beautiful;
Among what rushes will they build,
By what lake's edge or pool
Delight men's eyes when I awake some day
To find they have flown away?

La passion, la victoire
Sont avec eux, toujours.

Mais pour l'instant ils se laissent glisser,
Beaux mystérieusement, sur l'eau tranquille,
Ah, dans quels joncs iront-ils nidifier,
Aux rives de quel lac, de quelle flache
Seront-ils le plaisir des yeux quand moi, un jour,
Je verrai à l'éveil qu'ils se sont enfuis ?

MEMORY

One had a lovely face,
And two or three had charm,
But charm and face were in vain
Because the mountain grass
Cannot but keep the form
Where the mountain hare has lain.

LA MÉMOIRE

Une avait un beau visage,
Deux ou trois autres du charme,
Mais charme et beauté rien ne purent

Puisque l'herbe de la montagne
Ne peut que garder la forme
De ce lièvre de la montagne
Qui y gîta une nuit.

THE SECOND COMING

Turning and turning in the widening gyre
The falcon cannot hear the falconer;
Things fall apart; the centre cannot hold;
Mere anarchy is loosed upon the world,
The blood-dimmed tide is loosed, and everywhere
The ceremony of innocence is drowned;
The best lack all conviction, while the worst
Are full of passionate intensity.

Surely some revelation is at hand;
Surely the Second Coming is at hand.
The Second Coming! Hardly are those words out
When a vast image out of Spiritus Mundi
Troubles my sight; somewhere in sands of the desert
A shape with lion body and the head of a man
A gaze blank and pitiless as the sun,
Is moving its slow thighs, while all about it
Reel shadows of the indignant desert birds.
The darkness drops again; but now I know
That twenty centuries of stony sleep
Were vexed to hightmare by a rocking cradle,
And what rough beast, its hour come round at last,
Slouches towards Bethlehem to be born?

LA SECONDE VENUE

Tournant, tournant dans la gyre toujours plus large
Le faucon ne peut plus entendre le fauconnier.
Tout se disloque. Le centre ne peut tenir.
L'anarchie se déchaîne sur le monde
Comme une mer noircie de sang : partout
On noie les saints élans de l'innocence.
Les meilleurs ne croient plus à rien, les pires
Se gonflent de l'ardeur des passions mauvaises.

Sûrement que quelque révélation, c'est pour bientôt.
Sûrement que la Seconde Venue, c'est pour bientôt.
La Seconde Venue ! À peine dits ces mots,
Une image, immense, du *Spiritus Mundi*
Trouble ma vue : quelque part, dans les sables du désert,
Une forme avec corps de lion et tête d'homme
Et l'œil vide et impitoyable comme un soleil,
Se meut, à cuisses lentes, tandis qu'autour
Tournoient les ombres d'une colère d'oiseaux...
La ténèbre, à nouveau ; mais je sais, maintenant,
Que vingt siècles d'un sommeil de pierre, exaspérés
Par un bruit de berceau, tournent au cauchemar,
— Et quelle bête brute, revenue l'heure,
Traîne la patte vers Bethléem, pour naître enfin ?

61

SAILING TO BYZANTIUM

I

That is no country for old men. The young
In one another's arms, birds in the trees
—Those dying generations—at their song,
The salmon-falls, the mackerel-crowded seas,
Fish, flesh, or fowl, commend all summer long
Whatever is begotten, born, and dies.
Caught in that sensual music all neglect
Monuments of unageing intellect.

II

An aged man is but a paltry thing,
A tattered coat upon a stick, unless
Soul clap its hands and sing, and louder sing
For every tatter in its mortal dress,
Nor is there singing school but studying
Monuments of its own magnificence;
And therefore I have sailed the seas and come
To the holy city of Byzantium.

BYZANCE, L'AUTRE RIVE

I

Non, ce pays
N'est pas pour le vieil homme. Garçons et filles
À leur étreinte, et les oiseaux des arbres,
Ces profusions de la mort, à leur chant,
Les cataractes de saumons, les mers
Gonflées de maquereaux, tout, ce qui nage,
Vole, s'élance, tout, dans l'été sans fin
Célèbre concevoir, naître et mourir.
Prise dans la musique des sens, toute vie néglige
Les monuments de l'incoercible intellect.

II

L'homme qui a vieilli n'est qu'une loque,
Un manteau déchiré sur un bâton, à moins
Que l'âme ne batte des mains et ne chante, toujours plus fort,
À chaque accroc nouveau du vêtement mortel.
Or, il n'est pour le chant qu'une école, lire
Les monuments où l'âme a sa splendeur,
Et c'est pourquoi j'ai franchi les mers, et je suis venu
À la ville sainte, Byzance.

III

O sages standing in God's holy fire
As in the gold mosaic of a wall,
Come from the holy fire, perne in a gyre,
And be the singing-masters of my soul.
Consume my heart away; sick with desire
And fastened to a dying animal
It knows not what it is; and gather me
Into the artifice of eternity.

IV

Once out of nature I shall never take
My bodily form from any natural thing,
But such a form as Grecian goldsmiths make
Of hammered gold and gold enamelling
To keep a drowsy Emperor awake;
Or set upon a golden bough to sing
To lords and ladies of Byzantium
Of what is past, or passing, or to come.

III

Ô vous sages debout dans le feu de Dieu
Comme dans l'or sacré d'une mosaïque,
Sortez du feu sacré, dans le tournoiement d'une gyre,
Et enseignez à mon âme le chant.
Mon cœur, lui, brûlez-le, dispersez-le : malade
De désir, attaché à la bête qui meurt,
Il ne sait ce qu'il est : rassemblez-moi
Dans ce haut artifice, l'éternel.

IV

Jamais, quand retombée la nature, jamais
Je ne prendrai ma forme corporelle
A rien de la nature. Mais à quelque
Semblance comme en font les orfèvres grecs
D'or martelé, d'émail cloisonné d'or,
Pour tenir éveillé l'Empereur qui bâille
Ou la poser sur un rameau d'or, et qu'elle chante
Aux seigneurs et aux dames de Byzance
Ce qui fut, ce qui passe, ou va venir.

NINETEEN HUNDRED AND NINETEEN

I

Many ingenious lovely things are gone
That seemed sheer miracle to the multitude,
Protected from the circle of the moon
That pitches common things about. There stood
Amid the ornamental bronze and stone
An ancient image made of olive wood—
And gone are Phidias' famous ivories
And all the golden grasshoppers and bees.

We too had many pretty toys when young :
A law indifferent to blame or praise,
To bribe or threat ; habits that made old wrong
Melt down, as it were wax in the sun's rays ;
Public opinion ripening for so long
We thought it would outlive all future days.
O what fine thought we had because we thought
That the worst rogues and rascals had died out.

MILLE NEUF CENT DIX-NEUF

I

Que d'inventions superbes ne sont plus
Qui semblaient pur miracle à la multitude
Et à l'abri de l'influx de la lune
Qui ballotte toutes les choses ! Il y avait
Dans ce décor de pierres et de bronze
Une statue très vieille, d'olivier... Et disparus
Pareillement, les ivoires illustres
De Phidias, et toutes les abeilles et les sauterelles d'or.

Et nous aussi nous en avons eu
Beaucoup, de ces superbes jouets, quand nous étions jeunes.
La loi s'était fermée au blâme, à l'éloge,
À la corruption, aux menaces. Nos habitudes
Faisaient se dissiper la vieille injustice
Comme la cire aux rayons du soleil.
Et puisque la conscience avait mûri
Depuis si longtemps maintenant, nous ne doutions pas
Que cela durerait plus que tout futur concevable.
Ah, que de belles pensées ! Nous imaginions
Que les chacals et les hyènes étaient tous morts.

All teeth were drawn, all ancient tricks unlearned,
And a great army but a showy thing ;
What matter that no cannon had been turned
Into a ploughshare ? Parliament and king
Thought that unless a little powder burned
The trumpeters might burst with trumpeting
And yet it lack all glory ; and perchance
The guardsmen's drowsy chargers would not prance.

Now days are dragon-ridden, the nightmare
Rides upon sleep : a drunken soldiery
Can leave the mother, murdered at her door,
To crawl in her own blood, and go scot-free ;
The night can sweat with terror as before
We pieced our thoughts into philosophy,
And planned to bring the world under a rule.
Who are but weasels fighting in a hole.

He who can read the signs nor sink unmanned
Into the half-deceit of some intoxicant
From shallow wits ; who knows no work can stand,
Whether health, wealth or peace of mind were spent
On master-work of intellect or hand,
No honour leave its mighty monument,
Has but one comfort left : all triumph would
But break upon his ghostly solitude.

But is there any comfort to be found ?
Man is in love and loves what vanishes,
What more is there to say ? That country round
None dared admit, if such a thought were his,

Tous les crocs, arrachés ! Tous les sales tours d'autrefois
Désappris, et l'armée bonne seulement pour la parade !
Qu'importait si aucun canon n'était devenu encore
Le soc d'une charrue ! Le parlement, le roi
Pensaient que si on ne brûle pas un peu de poudre
Le trompette allait exploser en trompettant
Et sans la moindre gloire. Et peut-être même
Les coursiers somnolents des gardes ne caracoleraient pas.

Or, maintenant, les jours
Sont infestés de dragons ; le cauchemar
Chevauche le sommeil ; des soldats ivres
Peuvent laisser la mère sur sa porte
Se traîner dans son sang, assassinée,
Et s'en tirer sans dommage ; la nuit
Peut suer de terreur comme du temps
Où nous ne cousions pas nos pensées encore
En systèmes, en lois pour mener le monde,
Nous qui ne sommes que des fouines s'entre-déchirant dans un
    trou.

Ah, qui peut lire les signes sans s'abîmer
Découragé dans le demi-mensonge de ces drogues
Que préparent les esprits creux ; qui a compris
Qu'aucune œuvre ne durera, quelles que furent
La santé que l'on dépensa, la sérénité, la richesse
Aux chefs-d'œuvre de l'art ou de l'intellect,
Et que l'honneur non plus ne laisse de trace
De ses plus hautes tours, celui-là n'aura
Qu'un réconfort : le triomphe n'aurait
Que saccagé sa morne solitude.

Mais y a-t-il jamais rien qui réconforte ?
L'homme s'éprend, et c'est de ce qui passe,
Est-il rien d'autre à dire ? Dans ce pays
Qui eût osé admettre, l'eût-il pensé,

Incendiary or bigot could be found
To burn that stump on the Acropolis,
Or break in bits the famous ivories
Or traffic in the grasshoppers or bees.

II

When Loie Fuller's Chinese dancers enwound
A shining web, a floating ribbon of cloth,
It seemed that a dragon of air
Had fallen among dancers, had whirled them round
Or hurried them off on its own furious path;
So the Platonic Year
Whirls out new right and wrong,
Whirls in the old instead;
All men are dancers and their tread
Goes to the barbarous clangour of a gong.

III

Some moralist or mythological poet
Compares the solitary soul to a swan;
I am satisfied with that,
Satisfied if a troubled mirror show it,
Before that brief gleam of its life be gone,
An image of its state;
The wings half spread for flight,
The breast thrust out in pride
Whether to play, or to ride
Those winds that clamour of approaching night.

A man in his own secret meditation
Is lost amid the labyrinth that he has made
In art or politics;

Qu'un bigot ou un incendiaire, cela se trouve
Pour brûler cette souche sur l'Acropole
Ou fracasser les célèbres ivoires
Ou trafiquer de ces sauterelles, de ces abeilles ?

II

Quand les danseurs chinois de Loie Fuller
Déployaient leur ruban de gaze comme
Une écharpe flottante d'étincelles,
Il semblait qu'un dragon d'air impalpable
Fût tombé parmi les danseurs et les soulevât,
Les faisant tournoyer, les jetant loin
Des grands remous de sa route furieuse.
Ainsi l'Année Platonique
Chasse de ses remous le bien et le mal présents
Et y fait refluer ceux d'autrefois.
Tous les hommes, tous, des danseurs, dont le pas se règle
Sur le fracas du gong le plus barbare.

III

Un moraliste, un poète du temps des mythes,
Compare l'âme solitaire à un cygne.
Cela me plaît,
Je suis content si un miroir trouble lui montre
Avant que ne s'éteigne sa lueur brève
Cette image de sa grandeur : les ailes
À demi déployées pour le proche envol,
Et le sein en avant, gonflé d'orgueil,
Que ce soit pour s'ébattre ou pour enfourcher
Ces vents qui clament la nuit qui monte.

L'homme qui a sa propre méditation
Est perdu, dans le labyrinthe qu'il a bâti
En art, en politique.

Some Platonist affirms that in the station
Where we should cast off body and trade
The ancient habit sticks,
And that if our works could
But vanish with our breath
That were a lucky death,
For triumph can but mar our solitude.

The swan has leaped into the desolate heaven :
That image can bring wildness, bring a rage
To end all things, to end
What my laborious life imagined, even
The half-imagined, the half-written page ;
O but we dreamed to mend
Whatever mischief seemed
To afflict mankind, but now
That winds of winter blow
Learn that we were crack-pated when we dreamed.

IV

We, who seven years ago
Talked of honour and of truth,
Shriek with pleasure if we show
The weasel's twist, the weasel's tooth.

V

Come let us mock at the great
That had such burdens on the mind
An toiled so hard and late
To leave some monument behind,
Nor thought of the levelling wind.

Un Platoniste affirme qu'à ce niveau
Où l'on devrait lâcher le corps, et tout,
Les vieilles habitudes collent à l'âme.
Si seulement, dit-il, nos œuvres pouvaient
Passer avec notre souffle,
Ce serait une heureuse mort
Car le triomphe gâte la solitude.

Le cygne s'est élancé dans le ciel désert.
Cette image peut rendre fou, exciter la rage
D'en finir avec tout cela, d'en finir
Avec ce que rêva ma vie laborieuse, avec même
La page mi-rêvée et mi-écrite.
Ah, nous qui rêvions d'amender
Tous les maux et nuisances qui affligent
L'humanité, nous avons appris, maintenant
Que soufflent les vents d'hiver,
Que nous n'étions que des têtes fêlées quand nous rêvions.

IV

Nous qui, il y a sept ans, ne parlions
Que de vérité et d'honneur,
Nous glapissons de joie dès que nous pouvons
Bondir ou mordre comme la fouine.

V

Allons, moquons-nous de ces grands
Qui prirent sur eux tant de tâches
Et peinèrent si dur, si tard
Pour laisser bâti derrière eux
Quelque monument, sans penser
À ces vents qui nivellent tout.

Come let us mock at the wise;
With all those calendars whereon
They fixed old aching eyes,
They never saw how seasons run,
And now but gape at the sun.

Come let us mock at the good
That fancied goodness might be gay,
And sick of solitude
Might proclaim a holiday:
Wind shrieked—and where are they?

Mock mockers after that
That would not lift a hand maybe
To help good, wise or great
To bar that foul storm out, for we
Traffic in mockery.

VI

Violence upon the roads: violence of horses;
Some few have handsome riders, are garlanded
On delicate sensitive ear or tossing mane,
But wearied running round and round in their courses
All break and vanish, and evil gathers head:
Herodias' daughters have returned again,
A sudden blast of dusty wind and after
Thunder of feet, tumult of images,
Their purpose in the labyrinth of the wind;
And should some crazy hand dare touch a daughter
All turn with amorous cries, or angry cries,
According to the wind, for all are blind.

Allons, moquons-nous de ces sages
Et de tous ces calendriers
Sur lesquels ils fixaient leurs yeux
Qui vieillissaient, faisaient mal.
Ils ne surent jamais le monde,
Ils béent au soleil, maintenant.

Allons, moquons-nous de ces braves
Gens qui s'étaient figuré
Que le bien peut être joyeux,
Et malades de solitude
Allaient proclamant la fête.
Le vent siffla, — où sont-ils ?

Et moquons-nous des moqueurs
Qui ne lèveraient pas un doigt
Pour aider les bons et les sages
Et les grands et garder dehors
Cette affreuse tempête. On vit
De se moquer, n'est-ce pas ?

VI

Violence sur les routes : violence de chevaux.
Quelques-uns ont pourtant de beaux cavaliers
Et des guirlandes de fleurs entre les oreilles
Hypersensibles, ou dans leur crinière qui flotte.
Mais lassés de tourbillonner de toutes parts,
Les voici disparus, et le mal rassemble ses forces.
Les filles d'Hérodias sont de retour,
C'est un vent qui se lève dans la poussière,
Puis l'orage des pieds qui dansent, puis ce tumulte d'images
Qui est leur but dans le labyrinthe du vent.
Et quelque fou en toucherait-il une,
Toutes se récrieraient, d'amour, de colère
Au gré du vent, car toutes sont aveugles.

But now wind drops, dust settles; thereupon
There lurches past, his great eyes without thought
Under the shadow of stupid straw-pale locks,
That insolent fiend Robert Artisson
To whom the love-lorn Lady Kyteler brought
Bronzed peacock feathers, red combs of her cocks.

Mais le vent s'abat, maintenant, la poussière retombe,
Et passe en titubant, ses grands yeux vides
Dans l'ombre de ses stupides boucles blond paille,
Cet insolent démon, Robert Artisson,
Que Lady Kyteler, folle d'amour, comblait
De plumes de paon vieux bronze, de crêtes rouges de coqs.

TWO SONGS FROM A PLAY

I saw a staring virgin stand
Where holy Dionysus died,
And tear the heart out of his side,
And lay the heart upon her hand
And bear that beating heart away;
And then did all the Muses sing
Of Magnus Annus at the spring,
As though God's death were but a play.

Another Troy must rise and set,
Another lineage feed the crow,
Another Argo's painted prow
Drive to a flashier bauble yet.
The Roman Empire stood appalled :
It dropped the reins of peace and war
When that fierce virgin and her Star
Out of the fabulous darkness called.

DEUX CHANSONS D'UNE MÊME PIÈCE

Je vis se dresser une vierge
Quand le saint Dionysos mourut
Qui arracha, les yeux fixes,
Le cœur du flanc déchiré.
Elle le coucha dans sa paume.
Emporta cette pulsation,
Et d'un coup toutes les Muses
Chantèrent Magnus Annus
Là où jaillit l'eau, comme si
Que Dieu meure n'était qu'un jeu.

Une autre Troie doit paraître,
Une autre lignée nourrir
Les corbeaux, un autre navire
Argo à l'étrave peinte
Quêter dans la même écume
Plus voyante babiole encore.
L'empire romain saisi
Lâcha les rênes du monde
Quand cette vierge farouche
Et son Étoile parurent
Hors de la nuit fabuleuse.

In pity for man's darkening thought
He walked that room and issued thence
In Galilean turbulence;
The Babylonian starlight brought
A fabulous, formless darkness in;
Odour of blood when Christ was slain
Made all Platonic tolerance vain
And vain all Doric discipline.

Everything that man esteems
Endures a moment or a day.
Love's pleasure drives his love away,
The painter's brush consumes his dreams;
The herald's cry, the soldier's tread
Exhaust his glory and his might:
Whatever flames upon the night
Man's own resinous heart has fed.

Par compassion pour l'esprit
De l'homme, qui s'enténèbre,
Il franchit la salle et retrouve
Le tumulte de Galilée.
Babylonienne l'étoile
Qui a fait tomber la nuit
Fabuleuse, la nuit informe.
Quand le Christ fut tué, l'odeur
Du sang versé rendit vaine
La tolérance de Platon, vaine
Toute discipline dorique.

Rien de ce que l'homme chérit
N'a plus d'une heure ou un jour.
L'amour rassasié rejette
Son amour, la brosse du peintre
Va détruisant ce qu'il rêve.
Et le cri du héraut, le pas
Rythmé du reître consument
L'un sa gloire, l'autre sa force :
Oui, toute flamme qui troue
La nuit qu'amasse dans l'homme
Ce brandon résineux, le cœur.

LEDA AND THE SWAN

A sudden blow : the great wings beating still
Above the staggering girl, her thighs caressed
By the dark webs, her nape caught in his bill,
He holds her helpless breast upon his breast.

How can those terrified vague fingers push
The feathered glory from her loosening thighs?
And how can body, laid in that white rush,
But feel the strange heart beating where it lies?

A shudder in the loins engenders there
The broken wall, the burning roof and tower
And Agamemnon dead.
                          Being so caught up,
So mastered by the brute blood of the air,
Did she put on his knowledge with his power
Before the indifferent beak could let her drop?

LÉDA ET LE CYGNE

Le heurt d'un vent. De grandes ailes battent
Encore, sur la fille chancelante, dont les cuisses
Sont pressées par les palmes noires, dont la nuque
Est captive du bec. Et sa poitrine
Sous sa poitrine à lui est sans recours.

Comment ces vagues doigts terrifiés pourraient-ils
Des cuisses faiblissant repousser tant de gloire ?
Comment un corps, sous cette ruée blanche,
Ne sentirait-il pas battre l'étrange cœur ?

Un frisson dans les reins engendre là
Le mur brisé, la tour et la voûte qui brûlent
Et Agamemnon mort.
                    Elle emportée,
Elle écrasée par le sang brut de l'air,
Prit-elle au moins sa science avec sa force
Avant qu'indifférent le bec l'eût laissée choir ?

ON A PICTURE OF A BLACK CENTAUR
BY EDMUND DULAC

Your hooves have stamped at the black margin of the wood,
Even where horrible green parrots call and swing.
My works are all stamped down into the sultry mud.
I knew that horse-play, knew it for a murderous thing.
What wholesome sun has ripened is wholesome food to eat,
And that alone; yet I, being driven half insane
Because of some green wing, gathered old mummy wheat
In the mad abstract dark and ground it grain by grain
And after baked it slowly in an oven; but now
I bring full-flavoured wine out of a barrel found
Where seven Ephesian topers slept and never knew
When Alexander's empire passed, they slept so sound.
Stretch out your limbs and sleep a long Saturnian sleep;
I have loved you better than my soul for all my words,
And there is none so fit to keep a watch and keep
Unwearied eyes upon those horrible green birds.

SUR UN CENTAURE NOIR,
D'EDMUND DULAC

Tes sabots se sont imprimés à l'orée noire du bois,
Là même où se balancent et crient d'horribles perroquets verts.
Et mes œuvres gisent souillées dans cette boue suffocante.
Oui, j'ai subi ton désordre et je sais que c'est destructeur.
Ce qu'a mûri un soleil salubre est nourriture salubre
Et cela seul. Mais moi, vers la folie chassé
Par l'ombre d'une aile verte, je ramassais
Des antiques momies le blé dans le noir abstrait, démentiel,
Et grain par grain je l'ai moulu, et lentement
Je l'ai fait cuire au four. Maintenant, voici
Que je prends un vin de haute saveur dans un fût trouvé
Là où dormaient sept soûlards d'Éphèse, qui ne surent
Jamais qu'avait passé l'empire d'Alexandre, tant ils dormaient.
Étire tes membres, dors un long sommeil saturnien,
Je t'ai aimé plus que mon âme quoi que j'en dise,
Et qui pourrait monter mieux la garde, et fixer
De fermes yeux sur ces horribles oiseaux verts ?

AMONG SCHOOL CHILDREN

I

I walk through the long schoolroom questioning;
A kind old nun in a white hood replies;
The children learn to cipher and to sing,
To study reading-books and history,
To cut and sew, be neat in everything
In the best modern way—the children's eyes
In momentary wonder stare upon
A sixty-year-old smiling public man.

II

I dream of a Ledaean body, bent
Above a sinking fire, a tale that she
Told of a harsh reproof, or trivial event
That changed some childish day to tragedy—
Told, and it seemed that our two natures blent
Into a sphere from youthful sympathy,
Or else, to alter Plato's parable,
Into the yolk and white of the one shell.

PARMI LES ÉCOLIERS

I

J'avance dans la classe, questionnant.
Une vieille nonne répond, douce coiffe blanche.
Les enfants apprennent le chant, les nombres
Et à lire, et l'histoire, et à couper
Et coudre, et être nets en chaque chose
Comme le veut le siècle. Ces yeux d'enfants
Regardent, c'est l'étonnement d'une seconde,
Ce notable souriant, d'une soixantaine d'années.

II

Mais moi, je rêve
D'un corps, est-ce Léda, penché
Sur un feu qui s'éteint ; et du récit
Qu'elle avait fait de quelque réprimande
D'un jour de son enfance soudain tragique.
Un récit grâce auquel nos deux natures
Avaient paru se fondre, par sympathie
De jeunes gens, en une seule sphère ; ou comme
Platon eût dit, ou presque, ne plus être
Que le blanc et le jaune d'un même œuf.

And thinking of that fit of grief or rage
I look upon one child or t'other there
And wonder if she stood so at that age—
For even daughters of the swan can share
Something of every paddler's heritage—
And had that colour upon cheek or hair,
And thereupon my heart is driven wild :
She stands before me as a living child.

IV

Her present image floats into the mind—
Did Quattrocento finger fashion it
Hollow of cheek as though it drank the wind
And took a mess of shadows for its meat ?
And I though never of Ledaean kind
Had pretty plumage once—enough of that,
Better to smile on all that smile, and show
There is a comfortable kind of old scarecrow.

V

What youthful mother, a shape upon her lap
Honey of generation had betrayed,
And that must sleep, shriek, struggle to escape
As recollection or the drug decide,
Would think her son, did she but see that shape
With sixty or more winters on its head,
A compensation for the pang of his birth,
Or the uncertainty of his setting forth ?

III

Et pensant à cette douleur, à cette rage
Qu'elle avait éprouvées, alors, je regarde, ici,
Cet enfant ou cet autre, me demandant
Si elle était comme cela, à ce même âge,
Puisque même les filles du cygne peuvent tenir
Un peu des barboteurs de leur ascendance.
Avait-elle ce teint, cette chevelure ?
Mais soudain mon cœur saute, devient fou :
Elle est là devant moi, petite fille.

IV

Et pourtant son image présente m'envahit.
Quel artiste du Quattrocento l'a façonnée
Ainsi, creuse de joue, a-t-elle bu
Le vent, s'est-elle nourrie d'ombres ? Moi aussi,
Bien que jamais de race lédéenne,
J'avais un fier plumage, autrefois... Laissons,
Rendons plutôt sourire pour sourire,
Montrons que cet épouvantail est sans malice.

V

Ah, quelle jeune mère, dont les genoux
Portent la forme qu'a trahie le miel de naître
Et qui doit geindre, ou s'assoupir ou se débattre
Comme le veut ce philtre ou le souvenir,
Pourrait penser que son enfant, le verrait-elle
Avec soixante hivers ou plus sur le crâne,
Est la compensation de ses douleurs
Quand il est né, ou de son inquiétude
Quand il a pris le chemin de la vie ?

Plato thought nature but a spume that plays
Upon a ghostly paradigm of things;
Solider Aristotle played the taws
Upon the bottom of a king of kings;
World-famous golden-thighed Pythagoras
Fingered upon a fiddle-stick or strings
What a star sang and careless Muses heard:
Old clothes upon old sticks to scare a bird.

VII

Both nuns and mothers worship images,
But those the candles light are not as those
That animate a mother's reveries,
But keep a marble or a bronze repose.
And yet they too break hearts—O Presences
That passion, piety or affection knows,
And that all heavenly glory symbolise—
O self-born mockers of man's enterprise;

VIII

Labour is blossoming or dancing where
The body is not bruised to pleasure soul,
Nor beauty born out of its own despair,
Nor blear-eyed wisdom out of midnight oil.
O chestnut-tree, great-rooted blossomer,
Are you the leaf, the blossom or the bole?
O body swayed to music, O brightening glance,
How can we know the dancer from the dance?

Pour Platon la nature n'est que l'écume
Qui joue sur l'archétype qui n'est qu'ombre.
Aristote, de plus de sens, frappait de verges
Le derrière d'un roi des rois.
Et Pythagore l'illustre, à la cuisse d'or,
Raclait sur son violon ce que les astres
Ont à chanter aux Muses, qui s'en moquent.
Mais tous de vieilles nippes sur des bâtons.

VII

Mères, nonnes, toutes adorent des images,
Mais l'image qu'un cierge éclaire, ce n'est pas
Ce qui émeut le rêve d'une mère,
Elle a trop de la paix du marbre, du bronze,
Bien qu'elle aussi brise des cœurs. — Présences
Que savent la passion, la piété, l'amour
Et qui disent du ciel toute la gloire,
Pérennités qui raillent le temps terrestre,

VIII

L'enfantement fleurit ou se fait danse
Si le corps, ce n'est plus ce que meurtrit l'âme,
Ni la beauté le fruit de sa propre angoisse,
Ni la sagesse l'œil cerné des nuits de veille.
Ô châtaignier, souche, milliers de fleurs,
Es-tu le tronc, la fleur ou le feuillage ?
Ô corps que prend le rythme, ô regard, aube,
C'est même feu le danseur et la danse.

ALL SOULS' NIGHT

Midnight has come, and the great Christ Church Bell
And many a lesser bell sound through the room;
And it is All Souls' Night,
And two long glasses brimmed with muscatel
Bubble upon the table. A ghost may come;
For it is a ghost's right,
His element is so fine
Being sharpened by his death,
To drink from the wine-breath
While our gross palates drink from the whole wine.

I need some mind that, if the cannon sound
From every quarter of the world, can stay
Wound in mind's pondering
As mummies in the mummy-cloth are wound;
Because I have a marvellous thing to say,
A certain marvellous thing
None but the living mock,
Though not for sober ear;
It may be all that hear
Should laugh and weep an hour upon the clock.

LA NUIT DE LA TOUSSAINT

Il est minuit, le bourdon de Christ Church
Et nombre d'autres cloches de moindre voix
Font résonner la salle. C'est la Toussaint
Et débordantes de muscat, deux flûtes
Sont là, à étinceler sur la table.
Un spectre peut venir
Puisqu'un spectre a le privilège, si translucide
Est sa substance affinée par la mort,
De boire au souffle du vin
Quand nos palais plus grossiers doivent boire le vin lui-même.

Et l'esprit qu'il me faut ici, ce soir,
C'est celui qui, la poudre parlerait-elle
Aux quatre coins du monde, demeurerait
Enveloppé dans sa réflexion
Autant que les momies dans leurs bandelettes.
Car j'ai à dire merveille,
Une certaine chose qui est merveille
Et dont nul ne se moque, sauf les vivants
Quoique ce ne soit pas pour l'oreille sobre.
Peut-être
Que tous ceux qui m'écouteraient
En riraient et en pleureraient pendant toute une heure d'horloge.

Horton's the first I call. He loved strange thought
And knew that sweet extremity of pride
That's called platonic love,
And that to such a pitch of passion wrought
Nothing could bring him, when his lady died,
Anodyne for his love.
Words were but wasted breath ;
One dear hope had he :
The inclemency
Of that or the next winter would be death.

Two thoughts were so mixed up I could not tell
Whether of her or God he thought the most,
But think that his mind's eye,
When upward turned, on one sole image fell ;
And that a slight companionable ghost,
Wild with divinity,
Had so lit up the whole
Immense miraculous house
The Bible promised us,
It seemed a gold-fish swimming in a bowl.

On Florence Emery I call the next,
Who finding the first wrinkles on a face
Admired and beautiful,
And knowing that the future would be vexed
With 'minished beauty, multiplied commonplace,
Preferred to teach a school
Away from neighbour or friend,
Among dark skins, and there
Permit foul years to wear
Hidden from eyesight to the unnoticed end.

Horton est le premier que j'appellerai. Lui qui aimait
Les pensées aberrantes, et qui connut
Ce comble de l'orgueil, si enivrant,
Qu'on nomme amour platonique.
Cet amour se porta si haut dans la passion
Que rien, quand sa dame mourut,
Ne put endormir sa douleur.
Les mots n'étaient que vent,
Il n'avait, il ne chérissait qu'un espoir :
L'inclémence
De cet hiver, ou de l'autre après, le ferait mourir.

Et deux pensées étaient en lui si unes
Que je ne pourrais dire si c'est cette femme ou Dieu
Qui l'occupait le plus ; je croirais plutôt
Que l'œil de son esprit, quand il s'élevait,
Ne rencontrait là-haut qu'une seule image,
Et qu'un spectre léger, de gracieux accueil,
Fou de présence divine,
Avait illuminé si fort et partout
L'immense, la miraculeuse demeure
Promise par la Bible,
Qu'il avait l'air d'un poisson rouge qui nage dans un bocal.

Et maintenant j'appelle Florence Emery
Qui, découvrant les premières rides sur son visage
Si beau, si admiré,
Et sachant les chagrins de cet avenir
De beauté dévastée, d'existence ordinaire toujours plus lourde,
Préféra faire la classe
Loin de ses lieux premiers et de ses amis
À des enfants de peau sombre ;
Et là, dérobée aux regards,
Laissa l'user les années affreuses jusqu'à sa fin ignorée de tous.

Before that end much had she ravelled out
From a discourse in figurative speech
By some learned Indian
On the soul's journey. How it is whirled about,
Wherever the orbit of the moon can reach,
Until it plunge into the sun;
And there, free and yet fast,
Being both Chance and Choice,
Forget its broken toys
And sink into its own delight at last.

And I call up MacGregor from the grave,
For in my first hard springtime we were friends,
Although of late estranged.
I thought him half a lunatic, half knave,
And told him so, but friendship never ends;
And what if mind seem changed,
And it seem changed with the mind,
When thoughts rise up unbid
On generous things that he did
And I grow half contented to be blind!

He had much industry at setting out,
Much boisterous courage, before loneliness
Had driven him crazed;
For meditations upon unknown thought
Make human intercourse grow less and less;
They are neither paid nor praised.
But he'd object to the host,
The glass because my glass;
A ghost-lover he was
And may have grown more arrogant being a ghost.

Mais avant cette fin elle avait beaucoup
Débrouillé le discours, tout en figures,
De quelque savant Indien
Sur le voyage de l'âme. Comment elle est ballottée
Partout où passe l'orbite de la lune
Avant de s'abîmer dans le soleil.
Et comment là, aussi libre que ferme,
À la fois le Hasard et la Décision,
Elle peut oublier ses jouets d'avant, fracassés,
Et se noyer enfin dans sa seule joie.

Et j'appelle de son tombeau Mac Gregor Mathers
Car dans ma prime rigueur nous étions amis
Avant le temps des querelles.
Je le tenais pour à moitié fou, à moitié fripouille
Et le lui dis, mais jamais l'amitié ne cesse.
Et que m'importe que semble instable
Mon jugement comme mon sentiment
Quand la pensée me vient, comme d'elle-même,
Des choses généreuses qu'il faisait,
Et que je suis du coup presque heureux d'être aveugle.

Qu'il fut industrieux à ses débuts,
Courageux dans la turbulence, jusqu'au jour
Où trop de solitude (car méditer
Sur des pensées impénétrées encore
Étrécit toujours plus l'échange humain,
On ne vous rétribue ni ne vous loue)
Finit par le jeter dans sa folie !
Mais il objecterait à être mon hôte,
À ce verre puisqu'il est mien.
Il aimait les fantômes, et pourrait bien
Être plus arrogant encore depuis qu'il est un des leurs.

But names are nothing. What matter who it be,
So that his elements have grown so fine
The fume of muscatel
Can give his sharpened palate ecstasy
No living man can drink from the whole wine.
I have mummy truths to tell
Whereat the living mock,
Though not for sober ear,
For maybe all that hear
Should laugh and weep an hour upon the clock.

Such thought—such thought have I that hold it tight
Till meditation master all its parts,
Nothing can stay my glance
Until that glance run in the world's despite
To where the damned have howled away their hearts,
And where the blessed dance ;
Such thought, that in it bound
I need no other thing,
Wound in mind's wandering
As mummies in the mummy-cloth are wound.

Mais peu importent les noms, et qui viendra
Du moment que ses éléments sont assez subtils
Pour que l'arôme du vin muscat
Procure à son palais affiné l'extase
Qu'aucun vivant ne boit dans le vin même.
J'ai quelques vérités de momie à dire,
De celles dont les vivants se moquent,
Et elles ne sont pas pour l'oreille sobre
Car tous ceux qui les entendraient, peut-être
Qu'ils riraient et qu'ils pleureraient pendant toute une heure
    d'horloge.

Cette pensée, — que je la tienne serrée
Tant que ma réflexion ne l'a pas maîtrisée entière,
Et rien ne pourra plus empêcher mes yeux
De bondir en dépit de la loi du monde
Là où les damnés hurlent, usant leurs cœurs
Et où les élus dansent.
Cette pensée, que je m'enveloppe d'elle
Et je n'ai besoin de rien d'autre,
Enroulé dans l'extravagance de l'esprit
Comme le sont les momies dans les bandelettes.

DEATH

Nor dread nor hope attend
A dying animal;
A man awaits his end
Dreading and hoping all;
Many times he died,
Many times rose again.
A great man in his pride
Confronting murderous men
Casts derision upon
Supersession of breath;
He knows death to the bone—
Man has created death.

LA MORT

Ni effroi ni espoir
Pour l'animal qui meurt,
Mais l'homme attend sa fin
Craignant, espérant tout.
Que de fois est-il mort
Puis se relève !
Le grand homme, lui, seul
Devant ses meurtriers,
A cet orgueil qui jette
Dérision sur le simple
Détrônement du souffle.
Il sait la mort à fond,
— L'homme a créé la mort.

THE NINETEENTH CENTURY
AND AFTER

Though the great song return no more
There's keen delight in what we have :
The rattle of pebbles on the shore
Under the receding wave.

LE DIX-NEUVIÈME SIÈCLE,
ET APRÈS

Même si le grand chant ne doit plus reprendre,
Ce sera pure joie, ce qui nous reste :
Le fracas des galets sur le rivage,
Dans le reflux de la vague.

COOLE PARK, 1929

I meditate upon a swallow's flight,
Upon an aged woman and her house,
A sycamore and lime-tree lost in night
Although that western cloud is luminous,
Great works constructed there in nature's spite
For scholars and for poets after us,
Thoughts long knitted into a single thought,
A dance-like glory that those walls begot.

There Hyde before he had beaten into prose
That noble blade the Muses buckled on,
There one that ruffled in a manly pose
For all his timid heart, there that slow man,
That meditative man, John Synge, and those
Impetuous men, Shawe-Taylor and Hugh Lane,
Found pride established in humility,
A scene well set and excellent company.

They came like swallows and like swallows went,
And yet a woman's powerful character
Could keep a swallow to its first intent;
And half a dozen in formation there,
That seemed to whirl upon a compass-point,

COOLE PARK, 1929

Je médite sur une hirondelle qui passe,
Une femme qui a vieilli et sa maison,
Un sycomore, un tilleul que la nuit recouvre
Bien que cette nuée au couchant reste claire,
Et sur de grandes œuvres faites ici
En dépit du vouloir de la nature
Pour des savants après nous, des poètes,
Sur ces pensées qui peu à peu ne furent
Plus qu'une seule tresse, sur la splendeur
Que ces murs ont fait naître, comme une danse.

Ici Hyde, avant qu'il n'ait martelé, désormais prose,
La noble épée dont l'avaient ceint les Muses,
Ici un qui prenait des airs, qui s'agitait,
Malgré son cœur timide, ici cet homme lent,
Méditatif, John Synge, et ces autres encore,
Impétueux, Shaw Taylor et Hugh Lane,
Trouvèrent modestie et orgueil ensemble
Et en digne décor digne compagnie.

Hirondelles ils vinrent, hirondelles ils disparurent,
Pourtant, ici, fermeté faite femme
Savait garder hirondelle à son vœu,
Si bien qu'un vol d'une demi-douzaine
Tournant comme un compas autour de sa pointe

Found certainty upon the dreaming air,
The intellectual sweetness of those lines
That cut through time or cross it withershins.

Here, traveller, scholar, poet, take your stand
When all those rooms and passages are gone,
When nettles wave upon a shapeless mound
And saplings root among the broken stone,
And dedicate—eyes bent upon the ground,
Back turned upon the brightness of the sun
And all the sensuality of the shade—
A moment's memory to that laurelled head.

Toucha au vrai dans les rêves du ciel
Par ce bonheur de l'intellect, le vers
Qui triomphe du temps ou le remonte.

Ici, ô voyageur, ô savant, ô poète,
Arrêtez-vous quand auront disparu
Toutes ces salles et tous leurs corridors,
Voyez l'ortie bouger sur leur masse informe,
L'arbre s'enraciner dans le bris des pierres,
Et trouvez un instant, les yeux au sol,
Le dos à ce soleil qui resplendit
Dans la sensualité de ces ombrages,
Pour honorer cette grande mémoire.

COOLE PARK AND BALLYLEE, 1931

Under my window-ledge the waters race,
Otters below and moor-hens on the top,
Run for a mile undimmed in Heaven's face
Then darkening through 'dark' Raftery's 'cellar' drop,
Run underground, rise in a rocky place
In Coole demesne, and there to finish up
Spread to a lake and drop into a hole.
What's water but the generated soul?

Upon the border of that lake's a wood
Now all dry sticks under a wintry sun,
And in a copse of beeches there I stood,
For Nature's pulled her tragic buskin on
And all the rant's a mirror of my mood:
At sudden thunder of the mounting swan
I turned about and looked where branches break
The glittering reaches of the flooded lake.

Another emblem there! That stormy white
But seems a concentration of the sky;
And, like the soul, it sails into the sight
And in the morning's gone, no man knows why;
And is so lovely that it sets to right
What knowledge or its lack had set awry,

COOLE PARK ET BALLYLEE, 1931

Les eaux coulent sous ma fenêtre, qui séparent
Loutres des profondeurs et poules d'eau.
Elles courent inobscurcies quelques minutes
Sous le regard du ciel puis, assombries,
S'enfoncent, par la « cave noire » de Raftery,
Sous terre, et ressurgissent parmi les roches
Du domaine de Coole ; et là enfin
Ruissellent dans un lac puis un fossé.
Qu'est-ce que l'eau, sinon l'âme qui en est faite ?

Et sur la berge de ce lac un bois
Tout hérissement noir au soleil d'hiver.
Je me suis tenu là, parmi les hêtres,
Car la Nature a chaussé ses cothurnes
Et sa déclamation reflète mon humeur.
Au tonnerre soudain de l'essor d'un cygne
Je me tournai, vers où les branches coupent
Les lointains scintillants du lac en crue.

Ce qui est un symbole encore ! Cette blancheur
D'orage semble un concentré du ciel
Et comme l'âme elle vient, d'un coup d'aile,
Et au matin n'est plus, qui sait pourquoi ?
Mais c'est si beau que cela remet droit
Ce qu'ont désordonné science ou nescience,

So arrogantly pure, a child might think
It can be murdered with a spot of ink.

Sound of a stick upon the floor, a sound
From somebody that toils from chair to chair;
Beloved books that famous hands have bound,
Old marble heads, old pictures everywhere;
Great rooms where travelled men and children found
Content or joy; a last inheritor
Where none has reigned that lacked a name and fame
Or out of folly into folly came.

A spot whereon the founders lived and died
Seemed once more dear than life; ancestral trees,
Or gardens rich in memory glorified
Marriages, alliances and families,
And every bride's ambition satisfied.
Where fashion or mere fantasy decrees
We shift about—all that great glory spent—
Like some poor Arab tribesman and his tent.

We were the last romantics—chose for theme
Traditional sanctity and loveliness;
Whatever's written in what poets name
The book of the people; whatever most can bless
The mind of man or elevate a rhyme;
But all is changed, that high horse riderless,
Though mounted in that saddle Homer rode
Where the swan drifts upon a darkening flood.

Et c'est si pur, et avec tant d'orgueil,
Qu'un enfant pourrait croire
Qu'on l'assassinerait d'une tache d'encre.

Bruit d'une canne au plafond, le bruit
De quelqu'un qui se traîne de chaise en chaise.
Livres chéris, que relièrent des mains fameuses,
Vieilles têtes de marbre, vieilles peintures
Partout, et vastes salles où voyageurs
De retour, et enfants, eurent, soit leur repos
Soit leur amusement. La lignée s'achève
Mais nul ne fut le maître ici qui n'ait eu nom
Et renommée. Nul qui ait ajouté
D'autres folies à un premier caprice.

Un lieu où ont vécu ses fondateurs,
Où ils sont morts, c'était là autrefois
Ce que l'on préférait à la vie même.
Des arbres ancestraux, des jardins riches de souvenirs
Solennisaient alliances et mariages
Et comblaient tous les vœux de toute épouse.
Où la mode décide, ou le coup de tête,
Nous errons, dépensée cette splendeur,
Comme un pauvre Bédouin déplace sa tente.

Nous fûmes les derniers des Romantiques, notre thème,
Ce fut la tradition, sa beauté sainte,
Tout ce qui est dans ce que les poètes
Nomment livre du peuple, et peut donc le mieux
Illimiter l'esprit, exalter le vers.
Mais que tout a changé ! Ce destrier,
Nul ne l'enfourche plus, bien qu'il ait encore
Sa selle comme au soir où s'en fut Homère
Là où glisse le cygne, sur l'ombre en crue.

SWIFT'S EPITAPH

Swift has sailed into his rest;
Savage indignation there
Cannot lacerate his breast.
Imitate him if you dare,
World-Besotted traveller; he
Served human liberty.

L'ÉPITAPHE DE SWIFT

Le navire de Swift s'éloigne
Dans le repos éternel.
Nulle indignation forcenée
Ne l'y déchirera plus.
Imite-le si tu l'oses,
Voyageur qu'abêtit le monde,
Car Swift a servi la cause
De l'humain qui est d'être libre.

THE CHOICE

The intellect of man is forced to choose
Perfection of the life, or of the work,
And if it take the second must refuse
A heavenly mansion, raging in the dark.
When all that story's finished, what's the news?
In luck or out the toil has left its mark :
That old perplexity an empty purse,
Or the day's vanity, the night's remorse.

LE CHOIX

Obligation à l'esprit de choisir
Entre perfectionner l'existence ou l'œuvre,
Et s'il veut la seconde, c'est renoncer
Aux demeures du ciel, et pour quelle rage
Et en quelles ténèbres ! Après quoi, l'affaire
Finie, où en est-on ? Chanceux ou pas, l'effort
Aura laissé sa marque. Après le grand souci
À nouveau le tourment de la bourse vide,
Et le jour la gloriole et le remords la nuit.

BYZANTIUM

The unpurged images of day recede;
The Emperor's drunken soldiery are abed;
Night resonance recedes, night-walkers' song
After great cathedral gong;
A starlit or a moonlit dome disdains
All that man is,
All mere complexities,
The fury and the mire of human veins.

Before me floats an image, man or shade,
Shade more than man, more image than a shade;
For Hades' bobbin bound in mummy-cloth
May unwind the winding path;
A mouth that has no moisture and no breath
Breathless mouths may summon;
I hail the superhuman;
I call it death-in-life and life-in-death.

Miracle, bird or golden handiwork,
More miracle than bird or handiwork,
Planted on the star-lit golden bough,
Can like the cocks of Hades crow,
Or, by the moon embittered, scorn aloud
In glory of changeless metal

BYZANCE

Ont reflué les images du jour, restées impures,
Dorment les soldats ivres de l'Empereur,
Et reflue même la résonance de la nuit, et s'éteint le chant
Des filles attardées, après l'immense gong de la cathédrale.
Un dôme brillant d'étoiles sinon de lune
Dédaigne ce qu'est l'homme,
Le rien de ses intrications,
La fureur et la boue qui brûlent ses veines.

Devant moi flotte une image : homme ? spectre ?
Spectre plus qu'homme et plus encore image !
Car ce fuseau d'Hadès que serre le voile
De la momie, peut détordre le fil et c'est la voie.
Oui, une bouche qui n'a pas de souffle, pas de buée
Peut appeler les autres de sa sorte.
Je salue ce qui est au-dessus de l'homme.
Je l'appelle mort dans la vie et vie dans la mort.

Miracle : qu'un oiseau, une chose d'or,
Plus miracle qu'oiseau, que chose ouvragée,
Perché sur le rameau d'or brillant d'étoiles,
Puisse chanter comme les coqs d'Hadès,
À moins qu'exaspéré par la lune il ne méprise à voix forte,
Pour célébrer le métal immuable,

Common bird or petal
And all complexities of mire or blood.

At midnight on the Emperor's pavement flit
Flames that no faggot feeds, nor steel has lit,
Nor storm disturbs, flames begotten of flame,
Where blood-begotten spirits come
And all complexities of fury leave,
Dying into a dance,
An agony of trance,
An agony of flame that cannot singe a sleeve.

Astraddle on the dolphin's mire and blood,
Spirit after spirit! The smithies break the flood,
The golden smithies of the Emperor!
Marbles of the dancing floor
Break bitter furies of complexity,
Those images that yet
Fresh images beget,
That dolphin-torn, that gong-tormented sea.

Tout oiseau, toute corolle ordinaires
Et toutes les intrications nées de la boue ou du sang.

À minuit sur le pavement de l'Empereur courent
Des flammes qu'aucun fagot ne nourrit, qu'aucun acier n'a fait
    naître,
Qu'aucun orage ne trouble : flammes conçues de la flamme
Où les esprits conçus dans le sang se jettent,
Laissant toutes ces intrications de fureur,
Mourant, dans une danse,
Dans un paroxysme de transe,
Dans un paroxysme de cette flamme qui ne roussirait une
    manche.

À dos de dauphins, portés par ce sang, cette boue,
Les esprits, tous ! Les forges vainquent le flot qui monte,
Les forges d'or de l'Empereur ! Et les marbres
De la salle de danse vainquent
Les amères fureurs de l'intrication, vainquent
Ces images qui en conçoivent
De nouvelles, toujours ; vainquent cette mer
Déchirée de dauphins, tourmentée par l'appel du gong im-
    mense.

THE MOTHER OF GOD

The threefold terror of love; a fallen flare
Through the hollow of an ear;
Wings beating about the room;
The terror of all terrors that I bore
The Heavens in my womb.

Had I not found content among the shows
Every common woman knows,
Chimney corner, garden walk,
Or rocky cistern where we tread the clothes
And gather all the talk?

What is this flesh I purchased with my pains,
This fallen star my milk sustains,
This love that makes my heart's blood stop
Or strikes a sudden chill into my bones
And bids my hair stand up?

LA MÈRE DE DIEU

Amour, triple terreur : la flamme
Fulgurant par l'oreille ; le battement
Des ailes dans la chambre ; et cette pensée,
Ô terreur des terreurs,
J'ai porté les cieux dans mon ventre.

N'étais-je pas heureuse parmi les biens
Qui sont le lot des femmes ordinaires,
Le coin du feu, l'allée dans le jardin,
La citerne de pierre où nous battions
Les draps, et apprenions toutes les nouvelles ?

Qu'est-ce que cette chair que j'ai faite mienne
Dans la douleur ; qu'est-ce que cette étoile
Qui boit mon lait, tombée sur ma poitrine ;
Qu'est-ce que cet amour qui glace mon cœur
Et fait passer un frisson dans mes os
Et sous mes cheveux, qui se dressent ?

VACILLATION

I

Between extremities
Man runs his course;
A brand, or flaming breath,
Comes to destroy
All those antinomies
Of day and night;
The body calls it death,
The heart remorse.
But if these be right
What is joy?

II

A tree there is that from its topmost bough
Is half all glittering flame and half all green
Abounding foliage moistened with the dew;
And half is half and yet is all the scene;
And half and half consume what they renew,
And he that Attis' image hangs between
That staring fury and the blind lush leaf
May know not what he knows, but knows not grief.

VACILLATION

I

C'est entre des extrêmes
Que l'homme va son cours.
Tisons, souffles de feu
Surviennent, qui détruisent
Ces puissances contraires
De la nuit et du jour.
Le corps nomme cela
Mourir, le cœur remords.
Mais s'il en est ainsi,
Qu'est-ce, la joie ?

II

Cet arbre : jusqu'au ciel de ses rameaux
À moitié de feu pur, qui étincelle,
Et à moitié feuillage vert, touffu,
Tout trempé de rosée. Chaque moitié
N'est que moitié et pourtant c'est le tout.
Chaque fait refleurir et chaque consume ;
Et qui a suspendu l'image d'Attis
Entre cette fureur hypnotique et ces feuilles
Luxuriantes, aveugles, celui-là
Peut ne pas savoir ce qu'il sait mais il ne sait pas la souffrance.

Get all the gold and silver that you can,
Satisfy ambition, animate
The trivial days and ram them with the sun,
And yet upon these maxims meditate :
All women dote upon an idle man
Although their children need a rich estate ;
No man has ever lived that had enough
Of children's gratitude or woman's love.
No longer in Lethean foliage caught
Begin the preparation for your death
And from the fortieth winter by that thought
Test every work of intellect or faith,
And everything that your own hands have wrought,
And call those works extravagance of breath
That are not suited for such men as come
Proud, open-eyed and laughing to the tomb.

IV

My fiftieth year had come and gone,
I sat, a solitary man,
In a crowded London shop,
An open book and empty cup
On the marble table-top.

While on the shop and street I gazed
My body of a sudden blazed ;
And twenty minutes more or less
It seemed, so great my happiness,
That I was blessed and could bless.

III

Ramassez autant d'or que vous pouvez,
Allez vos ambitions, mouvementez
L'ordinaire des jours, bourrez-les de soleil,
N'en méditez pas moins cette maxime :
Toutes les femmes sont folles d'un songe-creux
Bien que pour leurs enfants il faille fortune,
Homme ne fut jamais qui eut son saoul
D'une affection d'enfant, d'un amour de femme.
A peine hors des branches du Léthé
Commencez la préparation de votre mort,
Et dès le quarantième de vos hivers
Mesurez à cette aune tout effort
De l'intellect ou de la foi, toute œuvre
Même née de vos mains. Vous nommerez
Gaspillage du souffle toutes les œuvres
Qui n'ont de sens pour qui, lucide, fier,
S'en va riant à sa tombe.

IV

Ma cinquantième année avait passé,
J'étais assis, solitaire comme je suis,
Dans un salon de thé encombré à Londres.
Un livre ouvert, une tasse vide
Sur la tablette de marbre.

Et comme je regardais la salle, la rue,
D'un coup mon corps s'embrasa,
Et pendant vingt minutes, à peu près,
Il me parut, si grand fut mon bonheur,
Que j'étais béni et pouvais bénir.

Although the summer sunlight gild
Cloudy leafage of the sky,
Or wintry moonlight sink the field
In storm-scattered intricacy,
I cannot look thereon,
Responsibility so weighs me down.

Things said or done long years ago,
Or things I did not do or say
But thought that I might say or do,
Weigh me down, and not a day
But something is recalled,
My conscience or my vanity appalled.

VI

A rivery field spread out below,
An odour of the new-mown hay
In his nostrils, the great lord of Chou
Cried, casting off the mountain snow
'Let all things pass away.'

Wheels by milk-white asses drawn
Where Babylon or Nineveh
Rose; some conqueror drew rein
And cried to battle-weary men,
'Let all things pass away.'

From man's blood-sodden heart are sprung
Those branches of the night and day
Where the gaudy moon is hung.

Que le soleil de l'été
Dore le feuillage des nues
Ou que la lune en hiver
Creuse par les champs ses ruisseaux
Que la tempête disperse,
Rien je ne puis contempler
Tant je me sens responsable.

Ceci ou cela, dit ou fait,
Il y a de longues années,
Et ceci que je n'ai pas dit
Ou fait mais aurais pu faire,
Tout m'accable, et il n'est de jour
Qui n'en alourdit ma conscience
Ou n'en glace mon orgueil.

Un champ gonflé d'eau devant lui,
L'odeur du foin frais coupé
Dans son nez, le prince de Chou
S'écria, ayant secoué
La neige de la montagne :
« Que toutes choses s'effacent ! »

Roues par ânes blancs comme lait
Tirées là où Babylone
S'érigea, ou bien Ninive,
Quelque conquérant s'arrête,
Il crie aux soldats las de vaincre :
« Que toutes choses s'effacent ! »

Du cœur imprégné de sang
De l'homme ont poussé ces branches
De la nuit et du jour, où pend

What's the meaning of all song?
'Let all things pass away.'

VII

The Soul. *Seek out reality, leave things that seem.*
The Heart. *What, be a singer born and lack a theme?*
The Soul. *Isaiah's coal, what more can man desire?*
The Heart. *Struck dumb in the simplicity of fire!*
The Soul. *Look on that fire, salvation walks within.*
The Heart. *What theme had Homer but original sin?*

Must we part, Von Hügel, though much alike, for we
Accept the miracles of the saints and honour sanctity?
The body of Saint Teresa lies undecayed in tomb,
Bathed in miraculous oil, sweet odours from it come,
Healing from its lettered slab. Those self-same hands perchance
Eternalised the body of a modern saint that once
Had scooped out Pharaoh's mummy. I—though heart might find relief
Did I become a Christian man and choose for my belief
What seems most welcome in the tomb—play a predestined part.
Homer is my example and his unchristened heart.
The lion and the honeycomb, what has Scripture said?
So get you gone, Von Hügel, though with blessings on your head.

La lune aux couleurs criardes.
Quel est le sens de tout chant ?
« Que toutes choses s'effacent ! »

VII

L'âme. Cherche ce qui est, laisse ce qui semble.
Le cœur. Quoi, être un chanteur-né, et manquer d'un thème !
L'âme. Les braises d'Isaïe, que vouloir de plus ?
Le cœur. Muet soudain, dans la simplicité du feu !
L'âme. Regarde-le, ce feu, le salut y marche.
Le cœur. Le seul thème d'Homère, ne fut-ce pas le péché ?

VIII

Faut-il que nous nous séparions, Von Hügel, même si
Tant de choses nous sont communes ? Nous acceptons, l'un
   et l'autre,
Les miracles des saints, nous les honorons,
Le corps de sainte Thérèse repose intact dans la tombe
Trempé d'huile miraculeuse, il en vient des odeurs suaves,
Guérisseuse est son épitaphe. Mais ces mains mêmes
Qui ont éternisé le corps d'une sainte moderne, peut-être
Ont-elles étripé un Pharaon ? Ah, j'ai un rôle
(Encore que mon cœur pourrait s'apaiser
Si je me fais chrétien et choisis de croire
À ce qui facilite le tombeau)
Qui me semble fixé d'avance. Homère
Est mon modèle, et son cœur sans baptême.
Le lion et le rayon de miel, qu'en dit l'Écriture ?
Allez donc, Von Hügel, bien qu'avec ma bénédiction sur
   votre tête.

THREE THINGS

'O Cruel Death, give three things back',
Sang a bone upon the shore ;
'A child found all a child can lack,
Whether of pleasure or of rest,
Upon the abundance of my breast' :
A bone wave-whitened and dried in the wind.

'Three dear things that women know',
Sang a bone upon the shore ;
'A man if I but held him so
When my body was alive
Found all the pleasure that life gave' :
A bone wave-whitened and dried in the wind.

'The third thing that I think of yet',
Sang a bone upon the shore,
'Is that morning when I met
Face to face my rightful man
And did after stretch and yawn' :
A bone wave-whitened and dried in the wind.

TROIS CHOSES

Rends-moi trois choses, cruelle mort,
Chantait l'os sur le rivage,
Un enfant eut ce qu'enfant cherche
De plaisir ou d'heureux sommeil
Sur l'abondance de ma poitrine
(C'est un os blanchi par la vague
Et desséché par le vent).

Trois choses pleines que femmes savent,
Chantait l'os sur le rivage,
Un homme, si je l'étreignais
Ainsi, quand mon corps était vie,
Y trouvait toute joie que donne la vie
(C'est un os blanchi par la vague
Et desséché par le vent).

Et la troisième de mes hantises,
Chantait l'os sur le rivage,
C'est ce matin où je vis
Face à face mon vrai amour,
Et m'étirai ensuite, et bâillai, heureuse.
(C'est un os blanchi par la vague
Et desséché par le vent).

AFTER LONG SILENCE

Speech after long silence ; it is right,
All other lovers being estranged or dead,
Unfriendly lamplight hid under its shade,
The curtains drawn upon unfriendly night,
That we descant and yet again descant
Upon the supreme theme of Art and Song :
Bodily decrepitude is wisdom ; young
We loved each other and were ignorant.

APRÈS CE LONG SILENCE

Parler, après un long silence : c'est dans l'ordre,
Morts ou enfuis tous nos autres amours,
Et tirés les rideaux sur la nuit hostile
Et voilée de ses franges la lampe hostile,
Qu'ainsi nous dissertions, à n'en plus finir,
Sur ces thèmes suprêmes, l'Art, le Chant.
La décrépitude du corps est sagesse. Jeunes,
Nous nous aimions, nous ne savions rien d'autre.

MAD AS THE MIST AND SNOW

Bolt and bar the shutter,
For the foul winds blow :
Our minds are at their best this night,
And I seem to know
That everything outside us is
Mad as the mist and snow.

Horace there by Homer stands,
Plato stands below,
And here is Tully's open page.
How many years ago
Were you and I unlettered lads
Mad as the mist and snow ?

You ask what makes me sigh, old friend,
What makes me shudder so ?
I shudder and I sigh to think
That even Cicero
And many-minded Homer were
Mad as the mist and snow.

FOU COMME BRUME MÊLÉE DE NEIGE

Verrouille bien le volet
Puisque les vents se déchaînent.
Nous voyons vraiment clair ce soir
Et j'ai l'impression que je sais
Que tout là dehors est fou
Comme brume mêlée de neige.

Horace ici, près d'Homère,
S'étale, et Platon dessous
Près d'un Cicéron grand ouvert.
Que de temps depuis que tous deux
Nous étions ignares, et fous
Comme brume mêlée de neige !

Vous me demandez, mon ami,
Pourquoi je soupire et frissonne ?
C'est de comprendre que même
Cicéron, et Homère qui
En savait tant, furent fous
Comme brume mêlée de neige.

THOSE DANCING DAYS ARE GONE

Come, let me sing into your ear;
Those dancing days are gone,
All that silk and satin gear;
Crouch upon a stone,
Wrapping that foul body up
In as foul a rag :
I carry the sun in a golden cup,
The moon in a silver bag.

Curse as you may I sing it through;
What matter if the knave
That the most could pleasure you,
The children that he gave,
Are somewhere sleeping like a top
Under a marble flag?
I carry the sun in a golden cup,
The moon in a silver bag.

I thought it out this very day,
Noon upon the clock,
A man may put pretence away
Who leans upon a stick,

LES JOURS DANSANTS NE SONT PLUS

Viens que je te chante à l'oreille,
Les jours dansants ne sont plus
Qui portaient soie et satin.
Accroupis-toi sur la pierre,
Enveloppe ce sale corps
Dans un haillon aussi sale.
Je porte le soleil dans ma coupe d'or,
La lune en un sac d'argent.

Maudis si tu veux je te chante
Tout le chant, puisque peu importe
Si celui qui te donnait joie
Et les enfants qu'il te fit
Dorment quelque part comme loirs
Sous une dalle de marbre.
Je porte le soleil dans ma coupe d'or,
La lune en un sac d'argent.

Aujourd'hui même j'ai pensé,
Midi sonnant à l'horloge,
Qu'homme n'a rien à prétendre
Qui s'appuie sur un bâton,

May sing, and sing until he drop,
Whether to maid or hag :
I carry the sun in a golden cup,
The moon in a silver bag.

Mais qu'il peut chanter, chanter
Jusqu'à tomber, que ce soit
Devant la jeune ou la vieille.
Je porte le soleil dans ma coupe d'or,
La lune en un sac d'argent.

'I AM OF IRELAND'

'I am of Ireland,
And the Holy Land of Ireland,
And time runs on', cried she.
'Come out of charity,
Come dance with me in Ireland.'

One man, one man alone
In that outlandish gear,
One solitary man
Of all that rambled there
Had turned his stately head.
'That is a long way off,
And time runs on', he said,
'And the night grows rough'.

'I am of Ireland,
And the Holy Land of Ireland,
And time runs on', cried she.
'Come out of charity,
And dance with me in Ireland.'

'The fiddlers are all thumbs,
Or the fiddle-string accursed,
The drums and the kettledrums
And the trumpets all are burst,

JE SUIS DE TERRE D'IRLANDE

Je suis de terre d'Irlande,
De terre sainte d'Irlande,
Et le temps passe, crie-t-elle.
Venez, par charité,
Danser avec moi en Irlande.

Un homme, un seul,
Et d'un drôle de costume,
Un seul, rien qu'un
Parmi tous ces vagabonds
A tourné sa tête noble.
« Ce serait un bien long chemin
Et le temps passe », dit-il,
« Et la nuit vient, qui est rude ».

Je suis de terre d'Irlande,
De terre sainte d'Irlande,
Et le temps passe, crie-t-elle,
Venez, par charité,
Danser avec moi en Irlande.

« Les violoneux, mais quels maladroits !
Ou c'est les cordes qui sont maudites.
Et les tambours, et les timbales,
Et les trompettes, quelle débâcle !

And the trombone', cried he,
'The trumpet and trombone',
And cocked a malicious eye,
'But time runs on, runs on'.

'I am of Ireland,
And the Holy Land of Ireland,
And time runs on', cried she.
'Come out of charity,
And dance with me in Ireland.'

Ah, le trombone », crie-t-il,
« La trompette et le trombone ! »
Il lance un regard malicieux.
« C'est le temps qui passe, qui passe. »

Je suis de terre d'Irlande,
De terre sainte d'Irlande,
Et le temps passe, crie-t-elle.
Venez, par charité,
Danser avec moi en Irlande.

BEFORE THE WORLD WAS MADE

If I make the lashes dark
And the eyes more bright
And the lips more scarlet,
Or ask if all be right
From mirror after mirror,
No vanity's displayed :
I'm looking for the face I had
Before the world was made.

What if I look upon a man
As though on my beloved,
And my blood be cold the while
And my heart unmoved ?
Why should he think me cruel
Or that he is betrayed ?
I'd have him love the thing that was
Before the world was made.

AVANT QU'IL N'Y AIT LE MONDE

Si je fais mes cils charbonneux
Et mes yeux de plus de lumière
Et mes lèvres plus écarlates,
Demandant à tous les miroirs
Si tout est comme je le veux,
Nulle vanité ! Je recherche
Le visage qui fut le mien
Avant qu'il n'y ait le monde.

Et qu'importe si je regarde
Un homme tout comme si
C'était mon amour quand pourtant
Mon sang est demeuré froid
Et mon cœur ne bat pas plus vite ?
Pourquoi me dire cruelle,
Pourquoi se croire trahi ?
Je le veux aimant ce qui fut
Avant qu'il n'y ait le monde.

HER TRIUMPH

I did the dragon's will until you came
Because I had fancied love a casual
Improvisation, or a settled game
That followed if I let the kerchief fall :
Those deeds were best that gave the minute wings
And heavenly music if they gave it wit ;
And then you stood among the dragon-rings.
I mocked, being crazy, but you mastered it
And broke the chain and set my ankles free,
Saint George or else a pagan Perseus ;
And now we stare astonished at the sea,
And a miraculous strange bird shrieks at us.

SON TRIOMPHE

J'obéis le dragon jusqu'à ce jour
Où vous êtes venu : car j'avais voulu croire
Que l'amour s'improvise, au petit bonheur,
À moins d'être le jeu qui suit sans surprise
Le mouchoir qu'à dessein l'on a perdu.
Les meilleurs de mes actes, ceux qui donnaient
Des ailes à l'instant ; et musique céleste
S'ils le paraient du piquant de l'esprit.
Mais soudain ce fut vous, dans les écailles
Du dragon, et je me moquai de vous, car j'étais folle,
Mais vous avez vaincu, brisant mes fers,
Libérant mes chevilles, nouveau saint Georges
Ou peut-être Persée et d'humeur païenne !
Et maintenant nous regardons la mer,
Abasourdis ; et nous suit de son cri
Perçant, miraculeux, cet oiseau étrange.

HER VISION IN THE WOOD

Dry timber under that rich foliage,
At wine-dark midnight in the sacred wood,
Too old for a man's love I stood in rage
Imagining men. Imagining that I could
A greater with a lesser pang assuage
Or but to find if withered vein ran blood,
I tore my body that its wine might cover
Whatever could recall the lip of lover.

And after that I held my fingers up,
Stared at the wine-dark nail, or dark that ran
Down every withered finger from the top;
But the dark changed to red, and torches shone,
And deafening music shook the leaves; a troop
Shouldered a litter with a wounded man,
Or smote upon the string and to the sound
Sang of the beast that gave the fatal wound.

All stately women moving to a song
With loosened hair or foreheads grief-distraught,
It seemed a Quattrocento painter's throng,
A thoughtless image of Mantegna's thought —
Why should they think that are for ever young?
Till suddenly in grief's contagion caught,

SA VISION DANS LE BOIS

Branche séchée sous la splendeur des feuilles,
À minuit, ce vin noir, dans le bois sacré,
Trop vieille pour un amour d'homme j'étais là
En rage, imaginant les hommes ; et désirant
Calmer la plus grande affre avec la moindre
Ou seulement savoir si vieux sang gicle encore,
Je lacérai mon corps, pour que ce vin noie
Tout souvenir des lèvres d'un amant.

Et après je tins haut mes doigts, et fixement
Regardai leur ongle, vin noir, dont la ténèbre
Se répandait le long de ma main flétrie.
Mais le noir se changea en rouge. Ce furent des torches,
Une musique assourdissante dans les arbres,
Une troupe ; on portait un blessé sur une civière
Et les cordes vibraient, on chantait la bête
Qui avait fait la fatale blessure.

Et ce n'étaient que belles femmes dansant
Cheveux épars, fronts barrés de douleur.
On eût dit la cohorte d'un peintre du Quattrocento,
Le rêve de Mantegna sans la pensée
(Pourquoi penser, quand on est toujours jeune ?)
Sauf que, prise à la contagion de la souffrance,

I stared upon his blood-bedabbled breast
And sang my malediction with the rest.

That thing all blood and mire, that beast-torn wreck,
Half turned and fixed a glazing eye on mine,
And, though love's bitter-sweet had all come back,
Those bodies from a picture or a coin
Nor saw my body fall nor heard it shriek,
Nor knew, drunken with singing as with wine,
That they had brought no fabulous symbol there
But my heart's victim and its torturer.

J'ai vu, soudain, la poitrine souillée de sang
Et crié ma malédiction avec elles toutes.

Ce sang et cette boue, ce haillon troué par la bête,
Se tournant à demi, me fixa d'un regard vitreux,
Et bien que tout le miel amer de l'amour fût à nouveau dans ma
    bouche,
Ces corps pour des tableaux ou des médailles,
Ivres de leur musique, ne virent pas
Tomber le mien criant l'horreur, et donc ne surent
Qu'elles ne portaient pas la fable, pas le symbole
Mais la victime de mon cœur, et son bourreau.

PARNELL'S FUNERAL

I

Under the Great Comedian's tomb the crowd.
A bundle of tempestuous cloud is blown
About the sky; where that is clear of cloud
Brightness remains; a brighter star shoots down;
What shudders run through all that animal blood?
What is this sacrifice? Can someone there
Recall the Cretan barb that pierced a star?

Rich foliage that the starlight glittered through,
A frenzied crowd, and where the branches sprang
A beautiful seated boy; a sacred bow;
A woman, and an arrow on a string;
A pierced boy, image of a star laid low.
That woman, the Great Mother imaging,
Cut out his heart. Some master of design
Stamped boy and tree upon Sicilian coin.

An age is the reversal of an age:
When strangers murdered Emmet, Fitzgerald, Tone,
We lived like men that watch a painted stage.
What matter for the scene, the scene once gone:

LES FUNÉRAILLES DE PARNELL

I

La foule sous la tombe du Grand Comique.
Un paquet de nuées que le vent chasse
Dans un ciel de tempêtes. Là où c'est sans nuages
Tout étincelle ; mais plus brillante encore
Une étoile, qui tombe. Quel frisson
Court dans le sang des bêtes ? Qu'est-ce, ce sacrifice ?
Y a-t-il là quelqu'un pour se souvenir
Qu'une flèche crétoise avait percé une étoile ?

Le feuillage était foisonnant, que brûla l'étoile.
La foule, frénétique. À la fourche des branches
Un bel enfant, assis. Un arc sacré,
Une femme la flèche sur la corde.
L'enfant est transpercé, à l'image de l'astre jeté bas.
Cette femme, qui figure la Grande Mère,
Lui arrache le cœur. Quelque grand artiste
Dessina l'arbre, l'enfant, c'est une monnaie de Sicile.

Une époque est une autre vue à l'envers.
Quand des mains étrangères
Assassinèrent Emmet, Fitzgerald, Tone,
Nous fîmes comme si nous regardions une peinture.
Qu'importait le sujet, passée la chose ?

153

It had not touched our lives. But popular rage,
Hysterica passio *dragged this quarry down.*
None shared our guilt; nor did we play a part
Upon a painted stage when we devoured his heart.

Come, fix upon me that accusing eye.
I thirst for accusation. All that was sung,
All that was said in Ireland is a lie
Bred out of the contagion of the throng,
Saving the rhyme rats hear before they die.
Leave nothing but the nothings that belong
To this bare soul, let all men judge that can
Whether it be an animal or a man.

II

The rest I pass, one sentence I unsay.
Had de Valéra eaten Parnell's heart
No loose-lipped demagogue had won the day,
No civil rancour torn the land apart.

Had Cosgrave eaten Parnell's heart, the land's
Imagination had been satisfied,
Or lacking that, government in such hands,
O'Higgins its sole statesman had not died.

Had even O'Duffy—but I name no more—
Their school a crowd, his master solitude;
Through Jonathan Swift's dark grove he passed, and there
Plucked bitter wisdom that enriched his blood.

Nos vies étaient indemnes. Mais cette fois
C'est la rage du peuple, l'*hysterica passio*,
Qui mena la curée. La faute est nôtre,
Et nous ne fûmes pas une image peinte
Quand nous avons dévoré son cœur.

Allons, regardez-moi en accusateurs,
J'ai soif d'être accusé. Tout ce qui fut chanté
De l'Irlande, ou dit en Irlande, c'est un mensonge
Qui s'est nourri du délire des foules,
Tout, sauf l'air qu'entendent les rats que l'on fait mourir.
N'en laissez rien debout sauf les riens qui furent
Le propre de cette âme si exposée,
Et décide qui peut si ce fut homme ou bête.

II

Je tais le reste, et rétracte une phrase.
De Valéra se fût-il nourri du cœur de Parnell,
Nul démagogue verbeux n'eût triomphé,
Nulle haine intestine n'eût déchiré ce pays.

Et Cosgrave se fût-il nourri du cœur de Parnell,
L'imagination nationale eût été comblée,
Ou faute de cela, quand les chefs manquèrent,
O'Higgins, le seul homme d'État, ne fût pas mort.

Et même cet O'Duffy se fût-il... Mais je m'arrête.
Leur école est cohue, son maître à lui fut la solitude.
Il traversa le sombre boqueteau de Jonathan Swift
Et cueillit là l'amère sagesse qui fit que son sang fut plus riche.

THE GYRES

The Gyres! the gyres! Old Rocky Face, look forth;
Things thought too long can be no longer thought,
For beauty dies of beauty, worth of worth,
And ancient lineaments are blotted out.
Irrational streams of blood are staining earth;
Empedocles has thrown all things about;
Hector is dead and there's a light in Troy;
We that look on but laugh in tragic joy.

What matter though numb nightmare ride on top,
And blood and mire the sensitive body stain?
What matter? Heave no sigh, let no tear drop,
A greater, a more gracious time has gone;
For painted forms or boxes of make-up
In ancient tombs I sighed, but not again;
What matter? Out of cavern comes a voice,
And all it knows is that one word 'Rejoice!'

Conduct and work grow coarse, and coarse the soul,
What matter? Those that Rocky Face holds dear,
Lovers of horses and of women, shall,
From marble of a broken sepulchre,

LES GYRES

Les Gyres ! Les Gyres ! Vieille Face Rocheuse, lève les yeux.
Ce qu'on a pensé trop longtemps, c'est fini d'y penser encore.
La beauté meurt d'être la beauté, la valeur d'être la valeur,
Et ce qui avait forme, cela s'efface.
Irrationnels, des flots de sang souillent la terre.
Empédocle a tout renversé, tout dispersé,
Hector est mort, Troie s'embrase là-bas d'une lumière,
Et nous qui regardons
Nous ne pouvons que rire avec une joie tragique.

Qu'importe si le cauchemar aux yeux morts chevauche le
    monde,
Si boue et sang souillent le corps pudique ?
Qu'importe ? Plus de ces grands soupirs, plus de ces larmes,
Une époque a passé qui était plus grande, plus généreuse.
Que de regrets avais-je des formes peintes
Ou des boîtes de fard des tombes, mais c'est fini.
Qu'importe ! Du fond de la caverne une voix s'élève
Et tout ce qu'elle sait, ce n'est que : « Aie joie. »

Plus grossières se font les mœurs et les œuvres
Et plus grossière l'âme. Mais qu'importe ?
Ceux que la Face Rocheuse chérit le plus,
Les amoureux des chevaux et des femmes,
Sauront bien déterrer, d'en dessous le marbre des tombes

157

Or dark betwixt the polecat and the owl,
Or any rich, dark nothing disinter
The workman, noble and saint, and all things run
On that unfashionable gyre again.

Ou de la nuit d'entre le putois et la chouette,
Ou du Rien qui est noir mais germinatif,
L'artisan, le noble, le saint : après quoi toutes choses
Reprendront, sur cette gyre passée de mode.

THE MUNICIPAL GALLERY
REVISITED

I

Around me the images of thirty years :
An ambush ; pilgrims at the water-side ;
Casement upon trial, half hidden by the bars,
Guarded ; Griffith staring in hysterical pride ;
Kevin O'Higgins' countenance that wears
A gentle questioning look that cannot hide
A soul incapable of remorse or rest ;
A revolutionary soldier kneeling to be blessed ;

II

An Abbot or Archbishop with an upraised hand
Blessing the Tricolour. "This is not', I say,
'The dead Ireland of my youth, but an Ireland
The poets have imagined, terrible and gay.'
Before a woman's portrait suddenly I stand,
Beautiful and gentle in her Venetian way.
I met her all but fifty years ago
For twenty minutes in some studio.

EN REVOYANT
LA GALERIE MUNICIPALE

I

Autour de moi les images de trente années.
Une embuscade ; des pèlerins sur un rivage ;
Casement à son procès, entouré de gardes,
Caché par les barreaux ; le regard de Griffith
Étincelant d'un orgueil hystérique ;
Et la noble figure de Kevin O'Higgins,
Cet air de questionner qui ne peut cacher
Son âme inapte au remords, au repos ;
Un soldat de l'armée révolutionnaire
Est à genoux, il attend d'être béni.

II

Et un abbé ou un archevêque, la main levée,
Bénit les trois couleurs. Ceci, me dis-je,
N'est pas l'Irlande morte de ma jeunesse
Mais celle que les poètes ont imaginée : terrible
Et pourtant gaie. Devant un portrait de femme, soudain,
Je m'arrête. Beauté, douceur à la Vénitienne.
Je l'ai rencontrée, vingt minutes,
Il y aura cinquante ans bientôt, dans quelque atelier.

161

III

Heart-smitten with emotion I sink down,
My heart recovering with covered eyes;
Wherever I had looked I had looked upon
My permanent or impermanent images :
Augusta Gregory's son; her sister's son,
Hugh Lane, 'onlie begetter' of all these;
Hazel Lavery living and dying, that tale
As though some ballad-singer had sung it all;

IV

Mancini's portrait of Augusta Gregory,
'Greatest since Rembrandt', according to John Synge;
A great ebullient portrait certainly;
But where is the brush that could show anything
Of all that pride and that humility?
And I am in despair that time may bring
Approved patterns of women or of men
But not that selfsame excellence again.

V

My mediaeval knees lack health until they bend,
But in that woman, in that household where
Honour had lived so long, all lacking found.
Childless I thought, 'My children may find here
Deep-rooted things', but never foresaw its end,
And now that end has come I have not wept;
No fox can foul the lair the badger swept—

III

Et je chancelle, mon cœur se serre,
Il ne reprend que quand mes yeux se ferment.
Là où je regardais, partout, je n'ai vu
Que mes images durables ou fugitives.
Le fils d'Augusta Gregory ; le fils de sa sœur, Hugh Lane,
« Seul engendreur » de toutes ces peintures ;
Et Hazel Lavery vivante, puis morte. Cette légende,
Comme si un chanteur l'eût chantée toute !

IV

De Mancini le portrait d'Augusta Gregory,
Le plus magnifique depuis Rembrandt, estimait John Synge ;
Et que de vie, certes, mais quelle brosse
Aurait pu retenir la moindre trace
De cet orgueil, de cette humilité ?
Le temps, et c'est mon désespoir, peut bien produire
De beaux exemples d'hommes et de femmes,
Il ne recréera pas cette excellence.

V

Mes genoux médiévaux souffrent, se dérobent,
Mais c'est devant cette femme, cette demeure
Où l'honneur a vécu si longtemps, qu'ils ploient.
Sans enfant, j'avais cru : « Mes enfants trouveront ici
Ce qui a pris racine, en profondeur. » Jamais
Je n'avais pressenti la fin ; et maintenant
Que la fin est venue, je n'ai pas de larmes.
Car là où le blaireau balaya sa porte,
Aucun renard ne peut empuantir.

VI

(An image out of Spenser and the common tongue.)
John Synge, I and Augusta Gregory, thought
All that we did, all that we said or sang
Must come from contact with the soil, from that
Contact everything Antaeus-like grew strong.
We three alone in modern times had brought
Everything down to that sole test again,
Dream of the noble and the beggar-man.

VII

And here's John Synge himself, that rooted man,
'Forgetting human words', a grave deep face.
You that would judge me, do not judge alone
This book or that, come to this hallowed place
Where my friends' portraits hang and look thereon;
Ireland's history in their lineaments trace;
Think where man's glory most begins and ends,
And say my glory was I had such friends.

VI

(Image que j'emprunte à Spenser, à la langue
Populaire.) John Synge et moi, et Augusta Gregory
Pensâmes que tout ce que nous devions faire, dire, chanter,
Doit monter d'un contact avec la terre
Et que de ce contact, comme Antée, tout prend force.
Nous trois, nous seuls, dans l'époque moderne,
Avons tout rapporté à cette mesure
Qui est le rêve du noble et du mendiant.

VII

Et voici là John Synge lui-même,
Cet homme enraciné « à en perdre les mots ».
Grave, profond visage. Ah, vous, mes juges,
Ne pesez pas tel ou tel livre. En ce lieu sacré
Venez voir les portraits de mes amis,
Revivez en leurs traits l'histoire de l'Irlande,
Décidez ce qui fait la grandeur d'un être,
Et dites-vous, de moi,
La sienne fut d'avoir de tels amis.

LONG-LEGGED FLY

That civilization may not sink,
Its great battle lost,
Quiet the dog, tether the pony
To a distant post;
Our master Caesar is in the tent
Where the maps are spread,
His eyes fixed upon nothing,
A hand under his head.
Like a long-legged fly upon the stream
His mind moves upon silence.

That the topless towers be burnt
And men recall that face,
Move most gently if move you must
In this lonely place.
She thinks, part woman, three parts a child,
That nobody looks; her feet
Practise a tinker shuffle
Picked up on a street.
Like a long-legged fly upon the stream
Her mind moves upon silence.

L'ARAIGNÉE D'EAU

Pour que la civilisation
Ne sombre pas, sa bataille
Perdue, apaise l'angoisse
Du chien, et lie le poney
À un piquet à distance.
Notre maître César est là,
Sous sa tente, au milieu des cartes,
Les yeux fixés sur le vide
Et le menton sur le poing.
Comme l'araignée d'eau sur l'eau,
Son esprit va le silence.

Pour que brûlent ces tours plus hautes
Que le ciel, mais que les hommes
N'oublient pas ce visage, bouge
Doucement si bouger tu dois
Dans ce lieu qui est solitaire.
Un peu femme, trois quarts enfant,
Elle pense : « nul ne regarde »,
Et remue le pied, comme font
Les gitans dansant dans les rues.
Comme l'araignée d'eau sur l'eau
Son esprit va le silence.

That girls at puberty may find
The first Adam in their thought,
Shut the door of the Pope's chapel,
Keep those children out.
There on that scaffolding reclines
Michael Angelo.
With no more sound than the mice make
His hand moves to and fro.
Like a long-legged fly upon the stream
His mind moves upon silence.

.

Pour que les filles pubères
Trouvent l'Adam qu'elles rêvent,
Ferme la chapelle du Pape,
Tiens ces enfants à l'écart.
Car là, sur l'échafaudage,
C'est Michel-Ange, couché,
Qui sans plus de bruit que souris
A des mains qui vont et qui viennent.
Comme l'araignée d'eau sur l'eau,
Son esprit va le silence.

A BRONZE HEAD

Here at right of the entrance this bronze head,
Human, superhuman, a bird's round eye,
Everything else withered and mummy-dead.
What great tomb-haunter sweeps the distant sky
(Something may linger there though all else die;)
And finds there nothing to make its terror less
Hysterica passio of its own emptiness?

No dark tomb-haunter once; her form all full
As though with magnanimity of light,
Yet a most gentle woman; who can tell
Which of her forms has shown her substance right?
Or maybe substance can be composite,
Profound McTaggart thought so, and in a breath
A mouthful held the extreme of life and death.

But even at the starting-post, all sleek and new,
I saw the wildness in her and I thought
A vision of terror that it must live through
Had shattered her soul. Propinquity had brought
Imagination to that pitch where it casts out

SUR UNE TÊTE DE BRONZE

Ici, à droite de l'entrée, cette tête de bronze,
Humaine, ou surhumaine ? Un œil d'oiseau, rond,
Et tout le reste flétri comme la momie dans la mort.
Quel grand rôdeur des tombes parcourt le ciel
(Où peut-être s'attarde quelque chose
Quand tout le reste meurt) mais n'y découvre
Rien qui puisse affaiblir l'*hysterica passio*
De sa terreur devant sa propre absence ?

Nullement au début un esprit des tombes,
Voilé de noir. Ses formes semblaient pleines
De la surabondance de la lumière,
Une femme pourtant, très douce. Qui peut dire
Lequel de ses aspects montra le mieux sa substance ?
Mais la substance elle-même est peut-être un mixte,
Le profond McTaggart le pense ; et qu'en un souffle
La bouche mord au comble de la vie comme à celui de la mort.

Mais même en ses premiers jours, toute neuve et lisse,
Je vis la sauvagerie en elle, et pensai
Qu'une vision terrible, et pour la vie,
Avait brisé son âme. Je m'en sentis
Si proche que mon rêve en vint à ce comble
Où l'on ne sait plus rien que sa hantise.

171

All that is not itself : I had grown wild
And wandered murmuring everywhere, 'My child, my child!'

Or else I thought her supernatural ;
As though a sterner eye looked through her eye
On this foul world in its decline and fall ;
On gangling stocks grown great, great stocks run dry,
Ancestral pearls all pitched into a sty,
Heroic reverie mocked by clown and knave,
And wondered what was left for massacre to save.

Bouleversé,
J'allai partout murmurant, « mon enfant, mon enfant ».

Mais aussi je la concevais surnaturelle
Comme si un œil plus sévère se penchait à travers le sien
Sur notre monde atroce en son déclin et sa chute :
Sur ces races montées en graines, sur tout ce grain desséché,
Sur ces perles de l'origine toutes jetées à des porcs,
Sur ces rêveries héroïques moquées par le coquin et le clown,
Et je me demandais
Ce que pourrait en sauver le massacre.

THE APPARITIONS

Because there is safety in derision
I talked about an apparition,
I took no trouble to convince,
Or seem plausible to a man of sense,
Distrustful of that popular eye
Whether it be bold or sly.
Fifteen apparitions have I seen ;
The worst a coat upon a coat-hanger.

I have found nothing half so good
As my long-planned half solitude,
Where I can sit up half the night
With some friend that has the wit
Not to allow his looks to tell
When I am unintelligible.
Fifteen apparitions have I seen ;
The worst a coat upon a coat-hanger.

When a man grows old his joy
Grows more deep day after day,
His empty heart is full at length,
But he has need of all that strength

LES APPARITIONS

À l'abri dans la dérision
J'ai parlé d'une apparition
Sans essayer d'en convaincre
Les yeux des gens de raison,
Tant peu me chaut le bon sens
Qu'il soit vaillant ou rusé.
Quinze apparitions ai-je vues,
Et la pire : un manteau au portemanteau.

Je n'aurai rien eu d'à demi
Aussi bon que tant préparée
Cette demi-solitude
Où je puis veiller tard la nuit
Avec un ami trop discret
Pour autoriser son regard
À me dire inintelligible.
Quinze apparitions ai-je vues,
Et la pire : un manteau au portemanteau.

Quand un homme vieillit, sa joie
Se fait chaque jour plus profonde,
Son cœur vide déborde enfin,
Mais il lui faut bien cette force

Because of the increasing Night
That opens her mystery and fright.
Fifteen apparitions have I seen ;
The worst a coat upon a coat-hanger.

Puisque la Nuit, qui s'accroît,
Ouvre au mystère, à l'effroi.
Quinze apparitions ai-je vues,
Et la pire : un manteau au portemanteau.

THE CIRCUS ANIMALS'
DESERTION

I

I sought a theme and sought for it in vain,
I sought it daily for six weeks or so.
Maybe at last, being but a broken man,
I must be satisfied with my heart, although
Winter and summer till old age began
My circus animals were all on show,
Those stilted boys, that burnished chariot,
Lion and woman and the Lord knows what.

II

What can I but enumerate old themes?
Firts that sea-rider Oisin led by the nose
Through three enchanted islands, allegorical dreams,
Vain gaiety, vain battle, vain repose,
Themes of the embittered heart, or so it seems,
That might adorn old songs or courtly shows;
But what cared I that set him on to ride,
I, starved for the bosom of his faery bride?

LA DÉSERTION DES ANIMAUX
DU CIRQUE

I

J'ai cherché un thème et ce fut en vain,
Je l'ai cherché cinq à six semaines.
Peut-être qu'à la fin, vieux comme je suis,
Je dois me contenter de mon cœur. Et pourtant,
L'hiver comme l'été jusqu'à ce grand âge,
Ce qu'elle a paradé, ma ménagerie,
Avec ces mômes qui se rengorgent, et ce carrosse qui brille,
Et le lion et la femme, et Dieu sait quoi d'autre !

II

Pourquoi ne puis-je donc que ressasser
Ces vieilleries ? Oisin d'abord, ce chevaucheur des mers
Qu'on mena par le bout du nez dans les mirages
De trois îles, ses rêves allégoriques.
Vaine gaieté, vain combat, vain repos.
Ce sont des thèmes de l'amertume du cœur, me semble-t-il,
Ils feraient bien dans de vieilles chansons,
Ou sur des scènes cérémonieuses. Mais pourquoi diable
Me souciais-je, moi, de le mettre en selle,
Moi, l'affamé du sein de sa fiancée fée ?

And then a counter-truth filled out its play,
The Countess Cathleen was the name I gave it;
She, pity-crazed, had given her soul away,
But masterful Heaven had intervened to save it.
I thought my dear must her own soul destroy,
So did fanaticism and hate enslave it,
And this brought forth a dream and soon enough
This dream itself had all my thought and love.

And when the Fool and Blind Man stole the bread
Cuchulain fought the ungovernable sea;
Heart-mysteries there, and yet when all is said
It was the dream itself enchanted me:
Character isolated by a deed
To engross the present and dominate memory.
Players and painted stage took all my love,
And not those things that they were emblems of.

III

Those masterful images because complete
Grew in pure mind, but out of what began?
A mound of refuse or the sweepings of a street,
Old kettles, old bottles, and a broken can,
Old iron, old bones, old rags, that raving slut
Who keeps the till. Now that my ladder's gone,
I must lie down where all the ladders start,
In the foul rag-and-bone shop of the heart.

Puis une contre-vérité a eu son heure.
Je la nommai *La princesse Cathleen.*
Celle-ci, folle de pitié, allait sacrifier son âme
Quand le Ciel souverain vint la sauver.
Je pensais que la femme que j'aimais allait détruire la sienne
Tant la haine et le fanatisme l'aveuglaient,
Et cela me valut un rêve et ce fut ce rêve assez vite
Qui retint toutes mes pensées, tout mon amour.

Et le Fou et l'Aveugle volaient le pain,
Cuculain affrontait la mer intraitable.
Mystères du cœur, ces choses : toutefois
Je vois bien maintenant que c'est le rêve
Qui m'enchantait, en elles : c'est ce héros
Que sa prouesse hisse sur les planches
Pour fasciner le présent et accaparer la mémoire.
Aux acteurs, à la scène peinte tout mon amour,
Et non au sens dont ils étaient l'emblème.

III

Les images sont souveraines de par leur forme achevée.
Et celles-ci grandirent dans la pureté de l'esprit.
Mais de quoi naissaient-elles ? Du dépotoir
Où va ce que l'on jette et le balayage des rues.
Vieilles marmites, vieilles bouteilles, boîte cassée,
Vieux fer, vieux os et nippes, et à la caisse
Cette souillon qui délire. Mon échelle est tombée,
Et je dois mourir là, au pied des échelles,
Dans le bazar de défroques du cœur.

[YEATS'S EPITAPH]

Under bare Ben Bulben's head
In Drumcliff churchyard Yeats is laid.
An ancestor was rector there
Long years ago, a church stands near,
By the road an ancient cross.
No marble, no conventional phrase;
On limestone quarried near the spot
By his command these words are cut:
   Cast a cold eye
   On life, on death.
   Horseman, pass by!

L'ÉPITAPHE DE W. B. YEATS

Sous Ben Bulben au chef nu,
À Drumcliff dans le cimetière
Yeats repose. Un de ses aïeux
Y fut autrefois recteur
Et non loin se trouve l'église
Et la vieille croix sur la route.
Rien de marbre, aucune inscription
Convenue. Un bloc de calcaire
De la carrière voisine,
Où sont gravées ces paroles
Qu'il a voulues : *Hautement*
Regarde la vie, la mort,
Cavalier, et passe !

La Résurrection
(1927)

CHANSONS POUR LE LEVER
ET LE BAISSER DU RIDEAU

I

Je vis se dresser une vierge
Quand le saint Dionysos mourut
Qui arracha, les yeux fixes,
Le cœur du flanc déchiré.
Elle le coucha dans sa paume,
Emporta cette pulsation,
Et d'un coup toutes les Muses
Chantèrent Magnus Annus
Là où jaillit l'eau, comme si
Que Dieu meure n'était qu'un jeu.

II

Une autre Troie doit paraître,
Une autre lignée nourrir
Les corbeaux, un autre navire
Argo à l'étrave peinte
Quêter dans la même écume
Plus voyante babiole encore.
L'empire romain saisi
Lâcha les rênes du monde
Quand cette vierge farouche
Et son Étoile surgirent
Hors de la nuit fabuleuse.

187

PERSONNAGES

LE JUIF   LE SYRIEN

LE GREC   LE CHRIST

TROIS MUSICIENS

Avant d'avoir fini cette pièce j'avais compris que son sujet pourrait la rendre bien difficile pour la scène anglaise ou irlandaise. Je l'avais commencée avec en esprit l'ordinaire scène des théâtres, murs tendus de rideaux, une fenêtre et une porte au fond, et à gauche une porte fermée par une tenture. Je changeai alors les indications scéniques et écrivis des chansons en guise de lever et de baisser de rideau, de façon que *la Résurrection* puisse être jouée comme mes pièces dansées dans un atelier ou un salon, ou au Peacock Theater encore, si le public est choisi pour la circonstance. Si l'œuvre est donnée au Peacock Theater les Musiciens pourront chanter ces chansons du commencement et de la fin tout en ouvrant ou fermant les rideaux du proscenium ; et toute la scène peut être tendue de rideaux sauf une ouverture sur la gauche. Tant que durera la pièce, les Musiciens resteront assis à la droite de l'assistance ; et si c'est au Peacock ils resteront sur la marche qui sépare la scène de la salle, ou sur une d'un côté ou de l'autre côté du proscenium.

Le Juif est seul sur la scène. Il porte une épée ou un épieu. Les musiciens font entendre un faible bruit de tambour ou le son d'une crécelle ; le Grec arrive par la salle, de la gauche.

LE JUIF : Avez-vous appris ce qu'était ce bruit ?

LE GREC : Oui, j'ai demandé à un rabbin.

LE JUIF : Un rabbin ! Vous n'avez pas eu peur ?

LE GREC : Comment eût-il pu savoir que je suis chrétien ? J'avais le chapeau que j'ai rapporté d'Alexandrie. Il m'a dit que les sectateurs de Dionysos défilaient par les rues avec des crécelles et des tambours ; que pareille chose n'était jamais encore arrivée dans cette ville ; que les autorités romaines avaient peur d'intervenir. Les sectateurs de Dionysos sont sortis un moment dans la campagne pour mettre en pièces une chèvre et en boire le sang, mais ils errent maintenant d'une rue à l'autre comme une bande de loups. Si terrifiée a été la foule de leur frénésie qu'elle les a laissés seuls, à moins, ce qui est plus vraisemblable, qu'elle ne soit si occupée à pourchasser les Chrétiens qu'elle n'a de temps pour rien d'autre. J'allais partir quand le rabbin m'a rappelé pour me demander où j'habitais. Lorsqu'il a su que c'était en dehors des portes, il m'a demandé si c'est vrai que les morts s'enfuient des cimetières.

LE JUIF : Nous pouvons tenir la populace à distance cinq minutes, le temps de permettre aux Onze de s'échapper par les toits. Je défendrai l'escalier étroit entre cette salle et la rue jusqu'à ce que je trouve la mort, après quoi vous prendrez ma place. Pourquoi le Syrien n'est-il pas là ?

LE GREC : Je l'ai rencontré à la porte et je l'ai chargé d'une mission. Il va revenir bientôt.

LE JUIF : Nous trois, c'est plutôt peu pour le travail qu'il faut faire.

LE GREC *(regardant vers l'ouverture de gauche)* : Qu'est-ce qu'ils font, en ce moment ?

LE JUIF : Pendant que vous étiez en bas, Jacques a sorti une miche de pain d'un sac et Nathanael a trouvé une outre de vin. Ils les ont placées sur la table. Cela faisait longtemps qu'ils n'avaient rien pris. Puis ils ont commencé à converser à voix basse et Jean a parlé de la dernière fois qu'ils avaient mangé dans cette salle.

LE GREC : Ils étaient treize cette fois-là.

LE JUIF : Il dit que Jésus avait partagé entre eux le pain et le vin. Lorsque Jean eut parlé, ils restèrent sans bouger, aucun ne mangeant ni ne buvant. Si vous vous mettez ici vous pourrez les voir. Tout près de la fenêtre, c'est Pierre. Il y a longtemps maintenant qu'il est tout à fait immobile, la tête sur la poitrine.

LE GREC : Est-il vrai que le soldat lui a demandé s'il était un disciple de Jésus, et qu'il a dit non ?

LE JUIF : Oui, c'est vrai. Jacques me l'a dit. Pierre a dit aux autres ce qu'il a fait. Mais quand le moment arriva, tous avaient peur. Je n'ai pas le droit de blâmer. J'aurais pu n'être pas plus brave. Que sommes-nous tous que des chiens qui ont perdu leur maître ?

LE GREC : Et pourtant vous comme moi périrons si la foule arrive, plutôt que de la laisser monter l'escalier.

LE JUIF : Ah, c'est différent ! Je vais tirer ce rideau ; il ne faut pas qu'ils entendent ce que je vais dire. *(Il tire le rideau.)*

LE GREC : Je sais ce que vous avez en tête.

LE JUIF : Ils ont peur parce qu'ils ne savent plus que penser. Quand Jésus fut emmené, ils ne purent plus croire que c'était lui le Messie. Nous, nous pouvons nous ressaisir, mais pour les

Onze ç'a toujours été soit la lumière absolue soit la ténèbre totale.

LE GREC : Parce qu'ils sont tellement plus vieux !

LE JUIF : Non, non. Vous n'avez qu'à les regarder au visage pour voir qu'ils étaient faits pour être des saints. Ils ne valent rien pour le reste, quoi que ce soit. Qu'est-ce qui vous fait rire ?

LE GREC : Quelque chose que je peux voir par la fenêtre. Là, où j'ai le doigt. Là, au bout de la rue. *(Ils sont à côté l'un de l'autre, regardant par-dessus la tête des spectateurs.)*

LE JUIF : Je ne vois rien.

LE GREC : La colline.

LE JUIF : C'est le Calvaire.

LE GREC : Et les trois croix à la cime. *(Il rit à nouveau.)*

LE JUIF : Du calme ! Vous ne savez plus ce que vous faites, vous avez perdu l'esprit. Vous riez du Calvaire.

LE GREC : Non, non. Je ris parce qu'ils pensaient qu'ils clouaient les mains d'un homme de chair et d'os sur la croix quand tout ce temps il n'y avait là qu'un fantôme.

LE JUIF : Je l'ai vu mettre en terre.

LE GREC : Nous, les Grecs, nous comprenons ces choses-là. Aucun dieu n'a jamais été mis en terre ; aucun dieu n'a jamais souffert. Le Christ est né seulement en apparence, il a mangé, il a dormi, il a marché seulement en apparence, et il est mort seulement en apparence. Je ne voulais vous le dire que quand j'aurais eu la preuve.

LE JUIF : La preuve ?

LE GREC : J'aurai la preuve avant la tombée de la nuit.

LE JUIF : Vous délirez. Le chien sans maître hurle à la lune.

LE GREC : Les Juifs ne peuvent comprendre ces choses-là.

LE JUIF : C'est vous qui ne comprenez pas. Et c'est moi, et ces hommes qui sont là à côté, peut-être, qui commençons à comprendre enfin. Il n'était rien qu'un homme, le meilleur qui ait jamais vécu. Personne avant lui n'avait eu cette compassion pour la misère terrestre. Il a prêché la venue du Messie parce qu'il pensait que le Messie en prendrait le poids. Puis, un jour qu'il était très fatigué, après un long voyage peut-être, il pensa que c'était lui le Messie. Il l'a pensé parce que de toutes les destinées cela lui parut la plus terrible.

LE GREC : Comment un homme pourrait-il se croire le Messie ?

LE JUIF : De toujours on a prédit que le Messie naîtrait d'une femme.

LE GREC : Dire qu'un dieu peut naître d'une femme, qui le porterait dans son ventre, le nourrirait à son sein, le laverait comme les enfants sont lavés, c'est le plus terrible des blasphèmes.

LE JUIF : Si le Messie ne naissait pas d'une femme il ne pourrait délivrer l'homme de ses péchés. Chaque péché commence un fleuve de souffrance, mais le Messie nous délivre de tout cela.

LE GREC : Les péchés de chaque homme lui appartiennent en propre. Personne d'autre n'a droit sur eux.

LE JUIF : Le Messie peut consumer la souffrance des hommes comme si elle était ramassée tout entière au foyer d'une lentille.

LE GREC : Voilà qui me fait frémir. Faire du comble de la souffrance possible un objet d'adoration ! Vous êtes morbides, c'est parce que votre nation n'a pas de statues.

LE JUIF : Ce que j'ai dit là, c'est ce que je pensais jusqu'à il y a trois jours.

LE GREC : Moi, je vous dis qu'il n'y a rien dans la tombe.

LE JUIF : Je l'ai vu porté sur la montagne et j'ai vu la tombe se refermer sur son corps.

LE GREC : J'ai envoyé le Syrien à la tombe pour établir qu'elle est vide.

LE JUIF : Vous saviez le danger où nous sommes tous et pourtant vous avez affaibli notre défense !

LE GREC : Oui, j'ai risqué la vie des Apôtres comme la nôtre. Ce que j'ai demandé au Syrien de tirer au clair est plus important.

LE JUIF : Aucun de nous n'est dans ses esprits aujourd'hui. Je me suis mis moi aussi quelque chose en tête qui me bouleverse.

192

LE GREC : Quelque chose dont vous n'avez pas envie de parler ?

LE JUIF : Je suis content qu'il n'ait pas été le Messie ; nous aurions pu être abusés, tous, jusqu'à la fin de nos jours, ou apprendre trop tard la vérité. On avait à tout sacrifier pour que la souffrance divine puisse, pour ainsi dire, descendre dans nos esprits et nos âmes et les purifier. *(Un bruit de crécelles et de tambours, d'abord par brèves bouffées qu'on entend entre les phrases, puis, peu à peu, continu.)* On avait à abandonner toute connaissance du monde, toute ambition, il aurait fallu ne rien faire à partir de son vouloir propre, seul le divin eût pu être tenu pour réel. Dieu aurait pris possession de tout et partout. Ce doit être épouvantablement dur, quand on est vieux, et que la tombe bâille au premier tournant, de penser à toutes les ambitions que l'on a mises au rancart ; de penser peut-être aux femmes, très fort. Je voudrais me marier et avoir des enfants.

LE GREC *(qui se tient face à la salle, regardant par-dessus les têtes)* : Voici les adorateurs de Dionysos. Ils sont maintenant sous la fenêtre. Il y a là une bande de femmes qui portent sur leurs épaules une civière avec dessus une image du dieu mort. Non, ce ne sont pas des femmes. Ce sont des hommes vêtus en femme. J'ai vu quelque chose de ce genre à Alexandrie. Ils sont silencieux, tous, comme si quelque chose allait se passer. Mon Dieu ! Quel spectacle ! À Alexandrie il y a des hommes pour se peindre les lèvres au vermillon. Ils contrefont les femmes pour atteindre dans l'adoration au don de soi d'une femme. Cela ne tire guère à conséquence — mais ici ! Venez voir par vous-même.

LE JUIF : Je ne regarderai pas ces insensés.

LE GREC : Bien que la musique ait cessé, quelques hommes dansent toujours, et quelques-uns des danseurs se sont lacérés avec des couteaux, imaginant, je suppose, qu'ils sont à la fois le dieu et les Titans qui l'ont mis à mort. Un peu plus loin un homme et une femme sont accouplés, en plein milieu de la rue. Elle croit que s'abandonner à l'homme que la danse lui a jeté dans les bras peut rendre son dieu à la vie. Tous sont du quartier des étrangers, à en juger par leur tête et leur costume, ce sont les plus ignorants et excitables des Grecs d'Asie, la lie du peuple. Des gens de cette sorte ne connaissent que la souffrance, et c'est l'oubli qu'ils cherchent dans ces cérémonies monstrueuses. Ah, voici ce qu'ils attendaient. La foule s'est ouverte pour faire place à un chanteur. C'est une fille. Non, ce n'est pas une fille ; c'est un garçon, du théâtre. Je le connais. Il joue les rôles de filles. Il est vêtu comme une fille mais ses ongles sont dorés et sa perruque est faite de fils d'or. On dirait une statue prise à quelque temple. Je me souviens de quelque chose de semblable à Alexandrie. Trois jours après la pleine lune, une pleine lune de mars, ils chantent la mort du dieu et prient pour qu'il ressuscite.

(Un des musiciens chante la chanson qui suit)

Saint enfant d'Astrée !
Crécelle au bois, où
Rôdait le Titan.
Sa crécelle attira l'enfant
Dans cette solitude.
Broum, broum, broum *(les tambours accompagnent ces paroles).*
Nous femmes errantes,
Données à qui veut,
Nous l'aurions gardé ;
Et chaque femme qui erre
Battit le tambour.
Broum, broum, broum *(les tambours, comme précédemment).*
Mais les Titans meurtriers
À l'orée des bois
Attendaient qu'il vînt.
Et leurs grandes mains
Le démembrèrent.
Broum, broum, broum *(les tambours, toujours).*
Astrée la vierge,
Qui peux secourir,

194

Entends les errantes
Vouloir à grands cris
La pleine lune.
Broum, broum, broum *(les tambours comme précédemment).*

LE GREC : Je ne puis croire que tant de renoncement à soi, tant d'abaissement, ce soit grec, en dépit du nom grec que porte ce dieu. Quand la déesse vint à Achille dans la bataille, elle ne se mêla pas de son âme, elle l'attrapa par ses cheveux blonds. Lucrèce pense que les dieux se laissent apercevoir dans les visions diurnes ou nocturnes mais sont indifférents au destin des hommes. Cela, bien sûr, c'est l'exagération de la rhétorique romaine. On peut en fait percevoir les dieux par la contemplation, sur leur face il y a cette haute joie perçante comme le cri de la chauve-souris, et l'homme qui vit avec héroïsme leur donne le seul corps terrestre qu'ils convoitent. Celui-là copie, pour ainsi dire, leurs gestes et leurs actions. Ce qui semble de l'indifférence chez eux n'est que leur coïncidence avec soi, leur maîtrise d'eux-mêmes dans l'éternel. Mais l'homme lui aussi reste indépendant. Il ne livre pas son âme. Il garde son quant-à-soi.

(Les tambours, pour exprimer qu'on frappe à la porte.)
LE JUIF : Il y a quelqu'un à la porte, mais je n'ose pas ouvrir avec cette foule dans la rue.

LE GREC : Vous n'avez pas à craindre. La foule commence à s'éloigner. *(Le Juif descend dans la salle, vers la gauche.)* Oui, je déduis de nos grands philosophes qu'un dieu peut bien accabler un homme de maux, lui prendre sa santé, sa richesse — celui-ci pourra toujours préserver son quant-à-soi... Si c'est le Syrien, il peut nous apporter une confirmation de si grande portée que l'humanité n'oubliera jamais ses paroles.

LE JUIF *(de la salle)* : C'est le Syrien. Il y a quelque chose qui ne va pas. Soit il est malade, soit il est ivre. *(Il aide le Syrien à monter sur la scène.)*

LE SYRIEN : Je suis comme un homme saoul. À peine si je puis tenir sur mes jambes. Il est arrivé quelque chose d'incroyable. J'ai couru tout le chemin.

LE JUIF : Eh bien, quoi ?

LE SYRIEN : Je dois prévenir les Onze tout de suite. Sont-ils toujours à côté ? Tout le monde doit savoir.

LE JUIF : De quoi s'agit-il ? Reprenez votre souffle et dites-nous.

LE SYRIEN : J'étais sur le chemin de la tombe. Et j'ai rencontré les femmes de Galilée, Marie la mère de Jésus, Marie la mère de Jacques et les autres femmes. Les plus jeunes étaient pâles d'excitation et ont commencé à parler toutes ensemble. Je ne comprenais pas ce qu'elles disaient, mais Marie la mère de Jacques me fit entendre qu'elles étaient allées à la tombe à l'aube et qu'elles l'avaient trouvée vide.

LE GREC : Ah !

LE JUIF : La tombe ne peut pas être vide. Je ne croirai pas cela.

LE SYRIEN : Et à la porte de la tombe se tenait un homme tout étincelant qui a crié que Jésus a ressuscité ! *(Faibles bruits de tambours et d'une crécelle.)* Et comme elles descendaient de la montagne un homme s'est tenu tout soudain à leur côté, et c'était le Christ lui-même. Elles sont tombées à ses pieds, qu'elles ont baisés. Maintenant laissez-moi passer que je puisse prévenir Pierre et Jacques et Jean.

LE JUIF *(se plaçant devant le rideau qui ferme l'accès de la salle intérieure)* : Je ne vous laisserai pas passer.

LE SYRIEN : N'avez-vous pas entendu ce que j'ai dit ? Notre maître est ressuscité !

LE JUIF : Je ne permettrai pas qu'on dérange les Onze avec des rêves de femme.

LE GREC : Ces femmes ne rêvaient pas. Elles vous ont dit la vérité… *(au Syrien :)* Et pourtant cet homme est dans son droit. Il est en fonction ici. Il faut que nous soyons tous convaincus avant de parler aux Onze.

LE SYRIEN : Les Onze sauront juger mieux que nous.

LE GREC : Bien que nous soyons bien plus jeunes qu'eux, nous connaissons mieux les choses du monde.

LE JUIF : Si vous leur racontiez votre histoire ils ne vous croiraient pas plus que moi, mais le chagrin de Pierre en serait accru. Je le connais depuis plus longtemps que vous et je sais ce qu'il adviendrait. Pierre se souviendrait que les femmes n'ont pas flanché ; qu'aucune d'entre elles n'a renié le maître ; et voyant bien que ce rêve prouve leur amour et leur foi, il penserait alors que lui-même a manqué des deux — et se figurerait que Jean le regarde. Il se détournerait et enfouirait son visage dans ses mains.

LE GREC : J'ai dit qu'il fallait que nous soyons tous convaincus d'abord, mais il y a une autre raison pour que vous ne leur disiez rien. Quelqu'un d'autre va venir. Je suis certain que Jésus n'a jamais eu un corps d'homme ; que c'est un spectre, qu'il peut passer à travers ce mur ; et qu'il va le faire, qu'il va traverser cette salle et parler lui-même aux Apôtres.

LE SYRIEN : Jésus n'est pas un spectre. Nous avons mis une grosse pierre à l'entrée de la tombe, et les femmes disent qu'elle a été retirée.

LE JUIF : Les Romains ont entendu dire hier que certains des nôtres se proposaient de prendre le corps, pour propager la fable que le Christ a ressuscité et échapper ainsi à la honte de notre défaite. Ils ont probablement volé le corps cette nuit.

LE SYRIEN : Les Romains ! Ils avaient mis des sentinelles devant la tombe. Les femmes les ont trouvées endormies. Le Christ les avait plongées dans le sommeil de façon qu'elles ne le voient pas déplacer la pierre.

LE GREC : Une main sans muscle ni os ne peut déplacer une pierre.

LE SYRIEN : Qu'importe si cela contredit tout savoir humain ? Un autre navire Argo quête une autre toison, une autre Troie est pillée.

LE GREC : Pourquoi riez-vous ?

LE SYRIEN : Qu'est-ce que le savoir des hommes ?

LE GREC : Ah, cela même qui garde la route d'ici en Perse à l'abri des voleurs, qui a bâti les belles villes accueillantes, qui a fait le monde moderne, qui veille entre nous et les barbares !

LE SYRIEN : Et s'il y a quelque chose qu'il ne peut expliquer, quelque chose de plus important cependant que tout le reste ?

LE GREC : On dirait que vous voulez que les Barbares reviennent !

LE SYRIEN : Et s'il y avait quelque chose toujours pour échapper au savoir, pour échapper à la mise en ordre du monde ? Et si au moment même où ce savoir et cet ordre semblent en place ce quelque chose-là surgissait ?

(Il s'est mis à rire.)

LE JUIF : Cessez de rire.

LE SYRIEN : Si l'irrationnel revenait ? Si le cercle recommençait ?

LE JUIF : Cessez ! Cet autre a ri en regardant le Calvaire par la fenêtre, et maintenant vous riez aussi !

LE GREC : Lui aussi a perdu le contrôle de soi.

LE JUIF : Cessez, vous dis-je.

(Tambours et crécelles.)

LE SYRIEN : Mais je ne ris pas. Ce sont ces gens-là dehors qui rient.

LE JUIF : Non, ils agitent des crécelles et frappent sur leurs tambours.

LE SYRIEN : Je croyais qu'ils riaient. C'est abominable.

LE GREC *(regardant par-dessus la salle)* : Les adorateurs de Dionysos reviennent. Ils ont caché leur image du Dieu mort et se sont mis à leur cri de fou : « Dieu a ressuscité ! Dieu a ressuscité ! »

(Les musiciens qui chantaient cela se taisent soudain.)
Ils vont crier « Dieu a ressuscité » par toutes les rues de la ville. Ils peuvent faire vivre et mourir leur dieu à leur gré — mais pourquoi se taisent-ils maintenant ? Ils dansent silencieux. Ils s'approchent de plus en plus, tout en dansant, c'est une sorte de pas archaïque qui diffère de tout ce que j'ai vu à Alexandrie. Les voici presque sous la fenêtre.

LE JUIF : Ils sont venus nous tourner en dérision, car leur dieu ressuscite chaque année tandis que le nôtre est mort pour toujours.

LE GREC : Comme ils roulent leurs yeux peints dans cette danse qui va toujours plus vite ! Les voici sous la fenêtre. Mais pourquoi sont-ils immobiles, tout soudain ? Pourquoi tous ces yeux d'aveugles fixés sur cette maison ? Y a-t-il quelque chose d'étrange, en cette maison ?

LE JUIF : Quelqu'un est entré dans la salle.

LE GREC : Où ?

LE JUIF : Je ne sais pas. Mais j'ai bien cru entendre un pas.

LE GREC : Je savais qu'il allait venir.

LE JUIF : Il ne peut y avoir personne. J'ai fermé la porte au bas des marches.

LE GREC : Là — le rideau a bougé.

LE JUIF : Non, il est tout à fait immobile et d'ailleurs il n'y a rien d'autre derrière que le mur nu.

LE GREC : Regardez, regardez !

LE JUIF : Oui, il s'est mis à bouger. *(Durant ce qui suit il va reculer frappé de terreur vers l'angle de gauche de la scène.)*

LE GREC : C'est quelqu'un qui vient à travers.

> *(La figure du Christ entre à travers le rideau, portant un masque reconnaissable bien que stylisé. Le Syrien, lentement, tire le rideau qui ferme la salle intérieure, celle où il y a les Apôtres. Les trois jeunes hommes sont sur la gauche de la scène, la figure du Christ au fond à droite.)*

LE GREC : C'est le fantôme de notre maître. Pourquoi avez-vous peur ? Il a été crucifié et enseveli mais en apparence seulement, et le voici à nouveau parmi nous *(le Juif s'agenouille)*. Il n'y a rien là devant nous qu'un fantôme. Ni chair ni sang ! Je sais la vérité et je n'ai pas peur. Regardez, je vais le toucher. Il se peut qu'il soit dur sous ma main comme une statue — j'ai entendu parler de choses semblables —, il se peut aussi que ma main passe au travers, mais pas de chair, pas de sang ! *(Il s'approche lentement de la figure et en suit le côté avec la main.)* Le cœur d'un fantôme bat ! Le cœur d'un fantôme bat ! *(Il hurle. La figure du Christ traverse la scène et entre dans la salle intérieure.)*

LE SYRIEN : Il se tient au milieu des Onze. Certains ont peur. Il regarde Pierre, Jacques, Jean. Il sourit. Il a écarté son vêtement, sur le côté. Il leur montre son flanc. Il y a là une grande blessure. Thomas a mis la main dans la blessure. Il a mis sa main là où est le cœur.

LE GREC : Ô Athènes, Alexandrie, Rome, quelque chose a paru qui va vous détruire ! Le cœur d'un fantôme bat. L'homme a commencé à mourir. Vos paroles sont claires à la fin, Héraclite. Dieu et l'homme meurent chacun la vie de l'autre, vivent sa mort.

(Les Musiciens se lèvent, l'un d'eux — ou davantage — chantant les paroles qui suivent. Si la représentation a lieu dans un appartement ou un atelier, ils ouvrent et ferment un rideau comme dans mes pièces dansées ; si c'est au Peacock Theater, ils tirent le rideau du proscenium.)

LA SECONDE CHANSON

I

Par compassion pour l'esprit
De l'homme, qui s'enténèbre,
Il franchit la salle et retrouve
Le tumulte de Galilée.
Babylonienne l'étoile
Qui a fait tomber la nuit
Fabuleuse, la nuit informe.
Quand le Christ fut tué l'odeur
Du sang versé rendit vaine
La tolérance de Platon, vaine
Toute discipline dorique.

II

Rien de ce que l'homme chérit
N'a plus d'une heure ou d'un jour.
L'amour rassasié rejette
Son amour, la brosse du peintre
Va dévorant ce qu'il rêve.
Et le cri du héraut, le pas
Rythmé du reître consument
L'un sa gloire, l'autre sa force :

Oui, toute flamme qui troue
La nuit qu'amasse dans l'homme
Ce brandon résineux, le cœur.

FIN

NOTES

Ces traductions ont été faites à l'aide de deux ouvrages fondamentaux :
The Variorum Edition of the Poems of W. B. Yeats, edited by Peter Allt and
Russell K. Alspach, New York, The MacMillan Company, 1957 ; et
W. B. Yeats : The Poems, a New Edition, edited by Richard J. Finneran,
chez le même éditeur en 1983.

Elles ont, ainsi que les notes qui suivent, emprunté beaucoup d'informations à l'ouvrage de A. Norman Jeffares, *A New Commentary on the Poems
of W. B. Yeats,* Londres, The MacMillan Press, dans ses deux éditions, de
1968 et 1984.

Page 35.   AU BAS DES JARDINS DE SAULES

Première publication dans *The Wanderings of Oisin and Other Poems,*
1889. Le titre en était alors *An Old Song Resung (Une vieille chanson chantée
à nouveau)* et Yeats expliquait qu'il avait essayé de reconstruire le texte
perdu à l'aide de trois vers dont ne se souvenait qu'imparfaitement une vieille
paysanne du village de Ballisodare, dans la région de Sligo. Quelques
commentateurs ont retrouvé des variantes : cf. Jeffares, pp. 13-14.

Page 37.   LA ROSE DU MONDE

Un des poèmes écrits sous le signe de Maud Gonne, que Yeats a comparée
souvent à Hélène, cause de la guerre de Troie. Celui-ci fut composé en 1891,
après une longue promenade des deux amis dans les montagnes de la région
de Dublin.

Page 39.   L'ÎLE SUR LE LAC, À INNISFREE

Le poème est de 1890. Yeats, Fleet Street, à Londres, a entendu dans une
vitrine le bruit d'une petite fontaine, dans l'eau de laquelle danse une boule
de bois. Ce tintement de l'eau éveille ses souvenirs, rapporte-t-il dans une

lettre, et suscite ces strophes où il perçoit la première « musique » dont il se sente vraiment l'auteur. — Il avait lu *Walden*, de Thoreau.

Page 41.　　　　　　　　LA PITIÉ DE L'AMOUR

Première publication dans *The Countess Kathleen*.

Page 43.　　　　　　　　LE CHAGRIN DE L'AMOUR

Le poème est d'octobre 1891. Il fut publié l'année suivante dans *The Countess Kathleen*. Allusion encore à Maud Gonne, rencontrée en 1889.

Page 45.　　　　　　　QUAND TU SERAS BIEN VIEILLE...

Ces vers furent écrits le 21 octobre 1891. Ils parurent dans *The Countess Kathleen*. Yeats s'adresse à Maud Gonne comme Ronsard avait parlé à Hélène (dans le nom de laquelle résonne celui d'Hélène de Troie).

Page 47.　　　　　　　　PAS D'AUTRE TROIE

Décembre 1908. Première publication dans *The Green Helmet and Other Poems*, 1910. « She lived in an ancient civilization », écrivit Yeats de Maud dans *The Trembling of the Veil*.

Page 49.　　　　À L'ENFANT QUI DANSE DANS LE VENT

Écrit dans le Calvados en décembre 1912. Il s'agit cette fois de la fille de Maud, Iseut, née en 1895. Dans *A Vision*, 1937, Yeats écrit : « Elle se croyait seule, pieds nus entre la mer et le sable. La tête levée, elle chantait les civilisations qui ont paru et disparu, et terminait chaque couplet en criant : Ô Dieu, faites que quelque chose demeure ! » — « Celui qui œuvrait le mieux » est sans doute Synge, qui mourut en 1909.

Page 51.　　　　　　　　DEUX ANS PLUS TARD

À la même. Publié en 1914.

Page 55.　　　　　　LES CYGNES SAUVAGES À COOLE

Octobre 1916. Quand Yeats séjourna la première fois à Coole Park, chez Lady Gregory, c'était en 1897, il souffrait de n'être pas aimé de Maud Gonne. En cette nouvelle visite, on a dit qu'il souffrait de ne plus l'aimer. Le recueil qu'ouvre ce poème, et auquel il donne son titre, est de 1917.

Première publication en février 1916. Puis dans *The Wild Swans at Coole.*

Janvier 1919. Repris dans *Michael Robartes and the Dancer*, 1921. La théorie des gyres, qui reparaît en divers points de l'œuvre, est ébauchée dans la note ajoutée à *La Seconde Venue*. Cette note demanderait elle-même d'autres notes pour être claire, mais elle n'en est pas moins essentielle. La voici : « Robartes copia et communiqua à Aherne plusieurs diagrammes mathématiques du *Speculum* ; carrés et sphères, cônes constitués de gyres tournantes qui se coupaient selon divers angles, figures parfois très complexes. Son explication de ces figures, qu'il devait dans tous les cas aux disciples de Kusta-ben-Lukin, repose sur une seule pensée, fondamentale. L'esprit, qu'il se manifeste dans l'histoire ou dans l'existence individuelle, a un mouvement précis, qui peut être accéléré ou ralenti mais non fondamentalement altéré, et ce mouvement peut être exprimé par une forme mathématique. Une plante, un animal, ont une loi de développement qui leur est propre, le bambou ne se développe pas de façon unie comme le saule, lequel n'a pas de nœuds, les deux cependant ont des branches qui s'amincissent et s'allègent à proportion qu'elles poussent, et aucun caractère du sol ne peut rien changer à cela. Un sol pauvre peut seulement freiner ou arrêter ce mouvement et un riche l'entretenir et l'accélérer. Mendel a montré que ses pois de senteur produisaient des variétés longues et courtes, blanches et roses, selon certaines proportions mathématiques qui suggèrent qu'une loi de même nature gouverne la transmission des caractères héréditaires. Pour les Judwalis, comme les comprend Michael Robartes, tout esprit vivant a semblablement un mouvement mathématique qui lui est fondamental, bien qu'adapté dans la plante ou l'animal ou l'homme à la circonstance particulière. Trouvez ce mouvement, calculez ses formes, et vous pourrez dire d'avance tout le développement à venir de cet esprit. Un des actes religieux les plus élevés de leur foi est de fixer l'attention sur la structure mathématique de ce mouvement, jusqu'à ce que tout le passé et tout le futur de l'humanité ou d'une personne particulière soient présents à l'intellect comme s'ils s'accomplissaient en un seul instant. L'intensité de la Vision Béatifique, quand elle a lieu, c'est précisément celle même de cette prise de conscience. Et l'on peut de cette façon, constatant que la mort elle-même est inscrite dans la figure mathématique, qui se prolonge au-delà, suivre l'âme jusqu'au plus haut des cieux ou jusqu'au plus profond de l'enfer. Cette doctrine, soutiennent les Judwalis, n'est nullement un fatalisme, parce que la figure mathématique est l'expression du désir propre à l'esprit ; et plus rapide est le développement de la figure, plus grande la liberté de l'âme. La figure qui correspond au moment où l'âme est dans le corps, ou souffre encore des conséquences de cette vie, est fréquemment représentée comme deux cônes, dont le sommet, pour chacun, est au centre du cercle de base de l'autre.

L'origine en fut (1) une ligne droite qui représente tantôt le temps, tantôt l'émotion, tantôt la vie subjective et (2) un plan perpendiculaire à cette droite qui représente, lui, tantôt l'espace, tantôt l'intellect, tantôt la vie subjective ; et la délimitation en est deux gyres, qui représentent le conflit du plan et de la droite par deux mouvements qui s'opèrent en cercles autour d'un centre, étant donné qu'un mouvement vers le dehors sur le plan est contrôlé par un mouvement vers l'avant sur la ligne droite, et *vice versa*. Et ce tournoiement est toujours en train de se resserrer ou de s'élargir, parce que l'un des deux mouvements est toujours plus fort que l'autre. En d'autres mots, l'âme humaine est toujours en mouvement vers le dehors au sein du monde objectif, ou vers le dedans de soi-même ; et ce mouvement est double parce que l'âme ne serait pas consciente si elle n'était pas comme suspendue entre des contraires — plus grand étant ce contraste et plus intense alors la conscience. L'homme chez lequel le mouvement vers le dedans est plus grand que celui qui l'extériorise, l'homme qui voit tout reflété au sein de lui-même, l'homme subjectif, atteint la pointe de la gyre au moment de sa mort, car, même si cette mort semble la conséquence d'un accident, en fait cette mort est toujours, soutiennent les Judwalis, précédée par une intensification de la vie subjective ; et cet homme connaît immédiatement après la mort un instant de révélation : il est porté, disent-ils, en présence de toute sa parenté défunte, et c'est là un instant dont l'objectivité est parfaitement égale à la subjectivité de la mort. L'homme objectif, d'autre part, celui dont la gyre se meut vers le dehors, reçoit à ce moment-là la révélation, non de lui-même vu du dedans, c'est impossible à l'homme objectif, mais de lui-même comme s'il était quelqu'un d'autre. Cette sorte de figure vaut aussi bien pour l'histoire : car la fin d'un âge, qui reçoit toujours la révélation du caractère propre de l'époque qui vient après, est représentée par l'accession d'une gyre à sa plus grande expansion, cependant que l'autre se porte à sa contraction la plus extrême. Aujourd'hui la gyre de la vie se gonfle vers le dehors, alors que celle d'avant la naissance du Christ se resserrait, et elle a presque atteint son point de plus grande expansion. La Révélation qui approche devra cependant son trait le plus caractéristique au mouvement opposé de la gyre qui va vers le dedans. Toute notre civilisation scientifique, démocratique, collectionneuse de faits, hétérogène, appartient à la gyre qui va vers le dehors ; et ce qu'elle prépare n'est pas sa simple poursuite mais la révélation — en une sorte d'éclair, mais qui ne frapperait pas en une seule place, et pour un temps se répéterait sans cesse — de la civilisation qui doit, lentement, prendre sa place. Ce qui est trop simplement dit, car beaucoup de diversité est possible, dans le détail. Il y a certains points de tension dans l'une ou l'autre des gyres, et chacune se subdivise, tantôt en dix et tantôt en vingt-huit phases ou périodes. Mais pour l'exposé de ces aspects de détail en ce qui concerne l'avenir, Robartes reçut peu d'aide des Judwalis, soit parce qu'ils ne peuvent pas percevoir des événements qui outrepassent leur expérience, soit parce que certaines sortes d'études ne pourraient être, leur semble-t-il, que malencontreuses. « Pour un moment la puissance, m'ont-ils dit » — c'est Robartes qui écrit cela — « sera avec nous, qui sommes aussi semblables les uns aux autres que des grains de sable, mais quand la révélation viendra elle ne sera pas pour les pauvres mais pour les grands et pour ceux qui savent, et elle rétablira pour deux mille ans des princes et des vizirs. Pourquoi devrions-nous donc résister ? Nos sages n'ont-ils pas marqué cette pensée sur le sable, et n'est-ce pas du fait de ces marques, tracées à chaque génération par les vieux au profit des jeunes, que nous sommes nommés les Judwalis ? » Ce nom, précise Yeats, signifie « preneurs de mesures » ou, plutôt peut-être, dessinateurs de diagrammes.

Ceci dit, qui était Michael Robartes ? Un personnage de *The Secret Rose*, 1897, dont Yeats lui-même indique, dans la note qui accompagne un autre poème, qu'il l'a employé dans ce livre — en même temps que d'autres d'ailleurs, notamment Hanrahan — comme un principe spirituel plus qu'une véritable personne. Il ajoute : « Il est probable que les seuls étudiants de la magie traditionnelle me comprendront si je dis que " Michael Robartes " est le feu reflété dans l'eau, et Hanrahan le feu soufflé par le vent, cependant que Aedh, dont le nom n'est pas seulement la forme irlandaise de Hugh mais le nom irlandais du feu, est le feu qui brûle par lui-même. Pour dire cela autrement, Hanrahan, c'est la simplicité d'une imagination trop changeante pour garder des acquis de façon permanente : c'est l'adoration des bergers. Et Michael Robartes, c'est l'orgueil de l'imagination rêvant sur la grandeur de ses possessions : c'est l'adoration des mages. Quant à Aedh, c'est la myrrhe et l'encens que l'imagination ne cesse pas de placer devant tout ce qu'elle aime. » — Dans une autre note encore, cette fois de *Michael Robartes and the Dancer*, 1921, Yeats déclare : « Il y a des années, j'ai écrit trois récits dans lesquels paraissent les noms de Michael Robartes et d'Owen Aherne. Je considère maintenant que j'ai employé alors les véritables noms de deux amis, et que l'un d'eux, Michael Robartes, venait de revenir de Mésopotamie, où il avait retrouvé, pour une part, et conçu, pour une autre part, beaucoup de philosophie. Je considère qu'Aherne et Robartes, aux substituts desquels j'avais attribué une vie et une mort turbulentes, se sont querellés avec moi. Ils ont leur place dans une fantasmagorie par laquelle j'essaie d'expliquer ma philosophie de la vie et de la mort. »

Dans la note ajoutée par Yeats à *An Image from a Past Life*, poème de la même année que *The Second Coming*, 1919, le *Spiritus Mundi* est présenté comme un universel « entrepôt » d'images qui ont cessé d'être la propriété de telle personnalité ou de tel esprit. Ces images reviennent dans le sommeil comme les souvenirs d'une vie antérieure, avec une apparence concrète bien précise qui se substitue à celle d'êtres présents, auxquels cependant on croit rêver.

Page 63.   BYZANCE, L'AUTRE RIVE

Dans *A Vision*, Yeats remarque : « Je pense que s'il m'était donné de vivre un mois dans l'Antiquité, avec congé de le passer où je le voudrais, je le passerais à Byzance un peu avant que Justinien n'ouvre Sainte-Sophie et ne ferme l'Académie platonicienne. Dans quelque petite boutique de marchand de vin, j'imagine que je pourrais rencontrer un ouvrier des céramiques un peu philosophe qui répondrait à toutes mes questions, le surnaturel descendant en lui plus intimement même que chez Plotin (...) Je pense que dans ces premiers siècles de Byzance, comme jamais peut-être avant ou après dans l'histoire que l'on connaisse, la vie religieuse, la vie esthétique et l'existence ordinaire ne firent qu'un ; et que l'architecte et les artisans — mais peut-être pas les poètes, car le langage avait été le moyen des controverses et avait dû devenir abstrait — parlaient autant à la multitude qu'à l'élite. Le peintre, le mosaïste, l'orfèvre en or et argent, l'enlumineur de livres sacrés étaient presque impersonnels, presque étrangers peut-être à l'idée du projet individuel, tant ils étaient absorbés dans l'élaboration d'un thème qui était la vision de tout un peuple. Ils pouvaient copier dans un vieil évangéliaire des images qui semblaient aussi sacrées que le texte, et tisser tout cela, pourtant, dans un grandiose dessein, œuvres de nombreux êtres mais qui pouvaient paraître celles d'un seul et faisaient que le bâtiment, le tableau, le motif ornemental, le travail du métal dans les grilles ou dans les lampes, ne semblaient qu'une seule image. Et cette vision, cette proclamation de leur invisible maître avaient la noblesse grecque, Satan étant toujours le serpent à demi divin, nullement l'épouvantail cornu du Moyen Âge trop didactique.

« L'ascète, qu'on appelait à Alexandrie l' " Athlète de Dieu ", avait pris la place de ces athlètes grecs dont les statues avaient été fondues ou brisées, à moins qu'elles ne survivent solitaires au milieu d'un champ de céréales, mais partout autour de lui c'était une splendeur incroyable, celle même que nous voyons passer sous nos paupières fermées quand nous sommes entre le sommeil et la veille : le rêve d'un somnambule et non l'image d'un monde qui existe. Même la pupille de l'œil, quand elle est forée par l'ivoirier byzantin, prend ce caractère somnambulique, car son ombre profonde parmi les lignes frêles de la tablette d'ivoire, et ce que son cercle a de mécanique, quand tout le reste alentour est rythme et flux, donnent à la figure du Saint ou de l'Ange l'apparence d'un grand oiseau qui regarderait un miracle. Un visionnaire de ces temps-là, passant par cette église nommée la " sainte Sagesse " avec une grâce si peu théologique, ou même un visionnaire d'aujourd'hui, errant parmi les mosaïques de Ravenne ou de la Sicile, pouvait-il, pourrait-il manquer d'y reconnaître quelqu'une de ces images qu'on voit sous les paupières fermées ? (...) » Yeats avait visité Ravenne en 1907 et récemment, en 1924, Monreale et la Chapelle Palatine. Mais il faut remarquer aussi, avec Jeffares, p. 213, qu'il souligna que l'Irlandais qui illumina le livre de Kells, au VIIIe siècle, travaillait au temps où Byzance était « le centre de la civilisation européenne et la source de sa philosophie spirituelle », ce qui rattache déjà l'Irlande à cette rive lointaine.

Les « sages debout dans le feu de Dieu » sont les martyrs de la mosaïque fameuse de Saint-Apollinaire à Ravenne.

Perne in a gyre : « Quand j'étais enfant à Sligo, écrit Yeats en 1919, dans une note de *The Wild Swans at Coole*, je pouvais voir au-dessus des arbres de mon grand-père une petite colonne de fumée qui venait du " *pern mill* ", et on m'avait appris que " *pern* " était un autre mot pour le *spool*, comme j'avais coutume de dire, sur lequel on tisse le fil... » *To pern*, qui reparaît dans *Demon and Beast*, de 1918, un poème de *Michael Robartes and the Dancer*, signifie donc tourner, être animé d'un mouvement circulaire.

« Rassemblez-moi » *(gather me)* : « Le monde n'existe que pour être un récit raconté aux générations à venir ; et la terreur et la joie, la naissance et la mort, l'amour et la haine, et le fruit de l'arbre, ne sont que des instruments pour cet art suprême qui nous sauve de la vie et nous rassemble dans l'éternité *(gather us into eternity)* comme des colombes dans leurs colombiers » *(The Tables of the Law*, repris dans *Mythologies*, 1959, pp. 300-301). Ce passage, et cette image, donnent à penser que cet artifice qui est l'éternel, c'est, pour Yeats écrivant *Sailing to Byzantium*, la grande église, Sainte-Sophie.

Yeats avait entendu parler de la description que fait l'évêque de Crémone, Liutprand, de l'arbre d'or et d'argent qu'il y avait dans le palais de l'Empereur, à Byzance, et des oiseaux artificiels qui y chantaient.

Page 67.   MILLE NEUF CENT DIX-NEUF

Ce grand poème est de l'année que dit le titre. Des violences viennent de se produire dans le comté de Galway, où il y a des combats entre les Anglais et l'Armée républicaine irlandaise.

« Les abeilles et les sauterelles d'or » : c'est Thucydide qui parle des broches d'or en forme de sauterelles avec lesquelles les Athéniennes attachaient leurs cheveux. « Un bigot ou un incendiaire » rappelle que de grandes maisons seigneuriales brûlent alors en Irlande. « L'année platonique » : lorsque toutes les constellations retrouvent les unes par rapport aux autres leur position du premier moment s'achève la Grande Année, dont Yeats reprend l'idée de Platon (cf. *A Vision*, 1937).

« Les filles d'Hérodias sont de retour » : dans une note ajoutée en 1933 à un poème de 1893, *The Hosting of the Sidhe*, Yeats indique que le nom des Sidhe, les anciennes divinités d'Irlande, est le mot gaélique qui désigne le vent. « Les Sidhe voyagent dans les vents tourbillonnants, ceux qu'on appelait au moyen âge la danse des filles d'Hérodias-Hérodias remplaçant ainsi, on n'en peut douter, quelque ancienne déesse. » C'est la reine des sorcières qui entraîne ses « filles » vers le sabbat.

« Robert Artisson ». Dans cette même édition de 1933 de ses *Collected Poems* où figure l'information précédente, Yeats précise : « Les paysans voient parfois des apparitions qu'ils dénomment tantôt " anges tombés ", tantôt " anciens habitants du pays ", et dont ils disent qu'il leur arrive de chevaucher " avec des fleurs sur la tête de leurs chevaux ". J'ai considéré dans le sixième poème que ces cavaliers, maintenant que les temps empirent, font place à pire qu'eux. Mon dernier symbole, Robert Artisson, était un esprit mauvais très pourchassé en Kilkenny au début du XIVe siècle. » — Robert Artisson (entendons *Son of Art*) fut l'incube d'une certaine Dame Alice Kyteler qui fut condamnée comme sorcière en 1324 ; c'est dans Holinshed, *The Historie of Ireland*, 1577, qu'on peut lire que le sacrifice à cet esprit du mal demandait neuf coqs rouges et les yeux de neuf paons.

Page 79.   DEUX CHANSONS D'UNE MÊME PIÈCE

Les deux furent écrites en 1926, à l'exception de la seconde strophe de la deuxième, qui est sans doute de 1930-1931. Elles étaient destinées au Chœur des Musiciens dans la *Résurrection*, qui fut représenté en 1934 (cf. la note relative à cette pièce).

Je ne puis mieux faire ici que de citer Richard Ellmann, *The Identity of Yeats*, 1954 : « Ces chansons font un effet extraordinaire même quand on les comprend mal. Elles proviennent de la pièce *Résurrection*, où le schème de la mort et de la résurrection du Christ est considéré comme le recommencement sous une autre forme de la mort et de la résurrection de Dionysos. Yeats, qui appréciait fort les cycles, fut frappé par le fait que les deux dieux étaient morts et avaient ressuscité en mars, quand le soleil est entre le Bélier et les Poissons, et quand la lune avoisine la constellation de la Vierge, qui porte dans sa main l'étoile dite l'Épi *(spica)*. La Vierge est usuellement associée à Astrée, dernière déesse à quitter le monde après l'âge d'or. Dans sa *Quatrième Églogue* Virgile prophétisa que celle-ci reviendrait, ramenant l'âge d'or, et le passage fut communément interprété dans les siècles qui suivirent comme l'annonce de la venue de Marie et du Christ, la première identifiée à Virgo, le second à l'Épi en tant que l'Étoile de Bethléem.

« *Le Rameau d'or* fournit la clef de la première strophe. Dionysos, comme le Christ, était l'enfant d'une mortelle et d'un immortel, Perséphone et Zeus. Du fait de la jalousie d'Héra, les Titans le mirent en pièces, mais Athéna arracha le cœur à son corps et le porta dans sa main à Zeus. Celui-ci tua les Titans, et, selon une des versions du mythe, avala le cœur et conçut Dionysos à nouveau avec la mortelle Sémélé. Athéna, qui est traditionnellement dite d'yeux " clairs " ou " gris " est la " staring virgin " du poème de Yeats. Le mot *staring* (dans la traduction : " aux yeux fixes ") est là pour signifier qu'elle agit en une sorte de transe, parce qu'elle accomplit ce qui est fixé d'avance. Les Muses chantent *Magnus Annus*, la Grande Année, autrement dit un cycle nouveau, parce que le rituel d'un dieu qui meurt et renaît est le nécessaire début des cycles ; et si elles voient la mort de Dieu comme simplement " un jeu ", c'est parce qu'elles savent que ces événements se reproduiront nombre de fois. »

Ellmann souligne ensuite que Yeats pensait comme Gibbon que le christianisme avait détruit l'Empire romain, et que c'était de bien des façons regrettable. Il estime que les dernières lignes du premier poème confondent audacieusement Astrée, Athéna et Marie dans la figure de la Vierge, et Spica (l'Épi), Dionysos et le Christ dans celle de son étoile *(that fierce virgin and her star)*. La nuit fabuleuse, la nuit informe du second poème *(fabulous, formless darkness)* vient de Proclus, qui qualifiait ainsi le christianisme. « La culture raffinée des Romains et des Grecs est obligée de s'effacer devant le tumulte qui vient d'Asie. Yeats attribue à Babylone le rôle d'introductrice du christianisme parce que ses astronomes, qui relevaient la position des étoiles, aidèrent ainsi à réduire l'importance de l'être humain dans l'univers ; ils proclamaient en effet de cette façon la valeur des abstractions inhumaines de la science, après quoi il n'y a qu'un pas avant ce que John Stuart Mill appelait la passivité du christianisme, ou ce que le Grec, dans la *Résurrection*, appelle la démission spontanée du chrétien, qui cherche de lui-même à se rabaisser. »

Page 83.   LÉDA ET LE CYGNE

Daté du 18 septembre 1923. Dans *A Vision* : « J'imagine que l'Annonciation qui fonda la Grèce a été faite à Léda, me souvenant qu'on montrait dans un temple de Sparte, suspendu au plafond comme une sainte relique, un de ses œufs non couvés ; et que de l'un de ses œufs est né l'Amour, et de l'autre la Guerre. »

« Agamemnon mort » : puisque Clytemnestre était une fille de Léda.

Page 85.   SUR UN CENTAURE NOIR, D'EDMUND DULAC

Edmund Dulac (1882-1953) était un ami de Yeats, il dessina pour lui les masques et les costumes de *At the Hawk's Well*, 1916, et illustra plusieurs de ses livres. Un autre artiste, cependant, Cecil Salkeld, a indiqué que Yeats s'était inspiré de son travail. Après une conversation avec Yeats au cours de laquelle celui-ci lui avait lu ce qui semble une ébauche du poème (il y remarqua le *mummy wheat*) : « Le soir venu, je travaillai tard, écrivit-il, longtemps après que les autres se furent couchés, et je terminai mon aquarelle, qui représentait un centaure assez fantastique à l'orée d'un bois sombre ; au premier plan, dans l'ombre du sous-bois, étaient étendus les sept " soûlards " d'Éphèse dans l'hébétude de l'alcool (...) » Le jour suivant Yeats aurait fini son poème. « Votre peinture a éclairci la chose, me dit-il. Je vais vous dédier mon poème. Je l'appellerai *le Centaure noir* (...) » (Cité par Jeffares, pp. 249-250.)

Le poème fut écrit en septembre 1920. Le premier titre était : « Suggéré par la peinture d'un Centaure noir. »

Mummy wheat : l'antique sagesse de l'Égypte ne peut-elle être revivifiée après des millénaires d'oubli comme le blé trouvé dans les tombes ?

Le Centaure noir reflète, selon Ellmann, la satisfaction de Yeats devant le progrès de son art. Son imagination l'avait entraîné trop souvent vers le bois obscur des perceptions et des rêveries supra-naturalistes, il lui a fallu reconquérir contre ces hantises (les « horribles perroquets verts ») les principes d'une sagesse, et maintenant il constate qu'il l'a fait, sans sacrifier pour autant la grande intuition poétique.

Page 87. PARMI LES ÉCOLIERS

Le plus grand, peut-être, de tous les poèmes de Yeats fut écrit le 14 juin 1926. Yeats, sénateur maintenant, « public man », avait visité en février une école Montessori, et dès le mois de mars il note dans un carnet : « Sujet de poème — des écoliers, et la pensée que la vie va les gaspiller ; qu'aucune vie, peut-être même, ne peut répondre à nos rêves, ou même aux espérances de leurs enseignants. Reprendre la vieille idée que la vie prépare pour ce qui n'arrive jamais. » Dans cette perspective il n'est que naturel que la pensée de Yeats revienne une fois de plus vers Maud Gonne et son étrange destin. C'est elle la Léda qui se profile dans sa mémoire. Léda n'avait-elle pas été mère à la fois de l'amour et de la guerre, comme la femme violente autant que généreuse qui voulut détruire la société par excès de compassion ? Cf. *No Second Troy, A Bronze Head* ou *The Circus Animal's Desertion*, tous traduits dans ce volume.

« Le miel de naître » est une traduction sans doute risquée de « honey of generation ». De cette image l'origine est *la Caverne des Nymphes* de Porphyre, que Yeats cite dans son essai sur « The Philosophy of Shelley's Poetry », qu'on trouvera dans *Essays and Introductions*, 1961. L'âme à la naissance passe de la condition des bienheureux aux servitudes de l'existence, dont la mort la délivrera. Le miel *(honey)* ne fait-il donc pas référence au plaisir charnel qui accompagne l'engendrement ? Dans sa condition charnelle l'âme a le souvenir de son état antérieur, elle se débat alors *(struggles to escape)* pour autant que n'aille pas à l'encontre le « philtre » dont la nature exacte semble avoir fait hésiter Yeats. Il écrit, c'est la note qui accompagne le poème dans *The Tower* puis les *Collected Poems* : « J'ai pris *the honey of generation* de l'essai de Porphyre sur la caverne des Nymphes mais ne trouve rien chez lui qui appuie l'idée qu'il puisse être la drogue qui détruit la réminiscence de la liberté prénatale. » (Cf. Jeffares, p. 252.)

« Aristote, de plus de sens » : car sa façon d'imprimer l'Idée dans la matière, en l'occurrence les fesses de son élève, était peut-être plus efficace que la contemplation platonicienne. Amère ironie, qui reconduit au monde des écoliers. La traduction de la fin de la strophe s'appuie sur une variante du texte, citée, dans le ms., par Thomas Parkinson dans *W. B. Yeats : the Later Poetry*, 1964, et reprise par Jeffares :

> Caesar Augustus that made all the laws
> And the ordering of everything.
> Plato that learned geometry and was

> The foremost man at the soul's meaning.
> That golden thighed far famed Pythagoras
> [World famous, golden thighed Pythagoras]
> Who taught the stars of heaven what to sing
> And the musicians how to measure cords,
> Old clothes upon old sticks to scare the birds.

Il ressort de ces vers, en effet, que Pythagore enseigna aux étoiles ce qu'elles ont à chanter aussi bien qu'aux musiciens comment mesurer les intervalles. Mais le *careless* de la version définitive (et bien supérieure) suggère aussi que les Muses n'écoutent guère.

Parkinson souligne que Yeats avait réuni dans cette strophe ébauchée trois façons de projeter sur le monde un ordre imaginé par la prétention humaine : Auguste organise l'État, Platon conçoit les archétypes, qui régissent la nature et l'âme, Pythagore atteint aux limites de l'univers. L'épouvantail qui n'effraie plus qu'un oiseau, et encore, est fait des ambitions les plus démesurées de l'esprit humain.

Page 93.   LA NUIT DE LA TOUSSAINT

Ce poème fut écrit à Oxford en novembre 1920 dans ce que Yeats appelle un moment d'exaltation. Il constitue l'épilogue de *A Vision*, où est exposé dans tout son détail le système supra-naturaliste des gyres.

De William Thomas Horton (1864-1919), auteur de dessins mystiques (parfois sous l'influence de Blake), Yeats écrit, dans la première version du livre : « Quand il était enfant, sa gouvernante lui dit : " Un ange s'est penché sur votre lit la nuit dernière " ; après quoi, à dix-sept ans, il s'éveilla une fois pour voir le fantôme d'une belle jeune femme à son chevet. Il s'adonne alors aussitôt à toutes sortes d'aventures amoureuses jusqu'au jour — c'était quand il eut cinquante ans, je pense, mais il avait encore toute sa vigueur physique — où il pensa : " Je n'ai pas besoin de femmes mais de Dieu. " Il tomba alors amoureux d'une camarade d'études qui était très bonne et charmante, elle l'aima tout autant et, bien qu'il ne pût contrôler ses passions qu'au prix d'un combat extrêmement âpre, ils vécurent ensemble de la façon la plus platonique, non par préjugé, ils n'en avaient pas, mais parce qu'ils voyaient clairement ce qu'ils pouvaient atteindre grâce à ce qu'on pourrait cependant penser un bien inutile gaspillage des biens de la vie. Elle mourut et il ne lui survécut que très peu de temps, assez toutefois pour qu'elle lui apparût et qu'il pût atteindre ainsi par son entremise à certaines expériences traditionnellement associées à la vie des saints. »

Florence Farr Emery (1869-1917) était une actrice du milieu de Yeats, et aussi une étudiante de l'occultisme. L'école dont il s'agit était à Ceylan, Ramanathan College. Le savant indien est probablement celui qui avait fondé cette institution, Sir Ponnamalalam Ramanathan (1851-1930), qu'elle avait connu dès 1902.

Mac Gregor Mathers (1854-1918) fut aussi un étudiant des disciplines occultes, qui examina beaucoup d'anciens manuscrits au British Museum et en Europe, quand il vint vivre à Paris vers 1894. Il fut un des initiateurs de Yeats à l'ésotérisme, à partir de 1887, ce qui finit par les séparer quand éclatèrent des querelles au sein de l'Ordre qui les réunissait *(Order of the Golden Dawn)*. C'était en 1900, vingt ans avant le poème.

Page 101. LA MORT

Par exception dans ce livre ce poème est moins retenu pour sa beauté que pour l'aperçu qu'il permet sur la pensée de Yeats, et la façon dont il advient à cette pensée d'envahir, parfois, sa vie et sa création. *La Mort* fut écrit en 1927 après l'assassinat de Kevin O'Higgins, un des ministres du gouvernement de l'État libre d'Irlande. Yeats le connaissait personnellement et le tenait pour « the finest intellect » dans la vie publique de la nation. Lui et sa femme eurent, la veille du meurtre, des impressions qu'ils interprétèrent, rétroactivement, comme un pressentiment de ce drame. Yeats écrivit alors à Olivia Shakespear : « Eussions-nous vu davantage, il aurait pu être sauvé. Car des faits récents semblent montrer que ces événements ne sont une fatalité que s'ils n'ont pas été anticipés par la clairvoyance, et ainsi ramenés dans le champ du libre arbitre. Un homme de science français estime que nous sommes tous — meurtriers autant que victimes — ceux qui veulent, et ainsi créent, la chose à venir. » — Un de ces pressentiments : Yeats et sa femme avaient entendu soudain une bouffée de musique chorale, et c'est la même musique qui fut jouée à la messe des funérailles.

Page 103. LE DIX-NEUVIÈME SIÈCLE, ET APRÈS

Poème de janvier ou février 1929. Il porte le titre d'une revue littéraire bien connue à l'époque.

Page 105. COOLE PARK, 1929

Écrit à Coole Park, chez Lady Gregory, en septembre 1928. Douglas Hyde (1860-1949) fut Président de la République, de 1938 à 1945 ; mais il avait été un de ceux qui retrouvèrent la vieille langue et la littérature irlandaises ; et surtout, pour Yeats, c'était un poète. Celui qui « prenait des airs », c'est Yeats lui-même. John Shawe-Taylor (1866-1911) et Hugh Lane (1875-1915) étaient deux neveux de Lady Gregory. Celle-ci, qui a perdu son fils à la guerre, a 76 ans quand le poème est écrit, elle mourra à 80, sans avoir pu faire autre chose que léguer le domaine aux Eaux et Forêts, lesquels gardèrent les terres et revendirent la maison, abattue peu après par l'acquéreur.

Page 109. COOLE PARK ET BALLYLEE, 1931

Février 1931. La fenêtre est celle de Yeats à Thoor Ballylee, sa propre maison près de Coole Park. Lady Gregory est maintenant à un an de sa mort, c'est elle qui se traîne « de chaise en chaise ».

C'est sans doute de Porphyre que Yeats a reçu l'idée que l'âme est faite d'eau. Le destrier de la fin du poème est évidemment Pégase. J'interprète *Out of folly into folly came*, à la fin de la quatrième strophe, comme une allusion à ce Richard Gregory qui vers la fin du XVIIIe siècle avait caché sur son domaine une écolière déguisée en garçon, avant de l'épouser à la mort de son père. Tout le monde aimait bien cette Isabelle, et un petit bois de Coole Park portait encore son nom du temps de Yeats.

Page 113.   L'ÉPITAPHE DE SWIFT

Ébauché en 1929 à Coole, repris en novembre 1930. *The Savage Indignation* réfère à la « saeva indignatio » de l'épitaphe de Swift, sur la dalle de la cathédrale de Saint-Patrick à Dublin.

Page 115.   LE CHOIX

Février 1931 sans doute. À l'origine, la dernière strophe de *Coole Park and Ballylee, 1931*, où Yeats écrivait : « *We were the last romantics — chose for theme traditional sanctity and loveliness* ». (Nous fûmes les derniers romantiques — nous avions choisi comme thème l'idée traditionnelle de la sainteté, de la beauté.)

Page 117.   BYZANCE

Septembre 1930. Première publication dans *Words for Music Perhaps and Other Poems* en 1932 avant d'être repris l'année suivante dans *The Winding Stair and Other Poems*.

Dans le *Journal* de Yeats pour 1930 : « Sujet de poème. La mort d'un ami... Décrire Byzance comme elle est dans le système vers la fin du premier millénaire de l'ère chrétienne. Une momie qui marche. Des flammes au coin des rues, où l'âme est purifiée, des oiseaux d'or martelé chantant dans les arbres d'or, et dans le port des dauphins qui offrent leur dos aux morts qui se lamentent, pour les transporter au Paradis. »

On a rencontré plus haut dans ces notes la page de *A Vision* qui décrit la Byzance des rêveries de Yeats (s.v. *Byzance, l'autre rive*). Le gong du poème fait allusion au panneau suspendu à la porte des églises (le *semantron*), que frappait d'un maillet le diacre. C'est dans un livre d'une Mrs Strong, *Apotheosis and After Life*, que Yeats avait appris la valeur symbolique et la fonction des dauphins. Le fuseau d'Hadès est emprunté à *La République*, lorsque Platon expose le mythe d'Er. De la bouche qui n'a pas de souffle, pas de buée, Yeats écrira dans *The Words upon the Window-Pane*, 1934 *(Les Mots sur la vitre)* : « L'ascète indien qui entre dans la transe de la mort sait que si son esprit n'est pas pur, s'il y a en lui autre chose que le symbole de son Dieu, quelque passion, ambition, désir ou imagination va lui conférer sa nouvelle forme, sa nouvelle finalité : car il entre dans un état où pensée et existence ne font qu'un. »

Poème du 3 septembre 1931. On le rapproche parfois de *Léda et le cygne*. Dans une note de *The Winding Stair* où parut *The Mother of God*, Yeats précise : « On m'a dit que " a fallen flare through the hollow of an ear " était obscur. Je me souviens de mosaïques byzantines de l'Annonciation, où un trait va d'une étoile à l'oreille de la Vierge. Elle reçoit la parole par l'oreille, une étoile tombe, une étoile naît. »

Poème écrit entre décembre 1931 et mars 1932. L'arbre est celui que Yeats mentionne dans *The Celtic Element in Literature* : ce « burning tree » des *Mabinogion* (récits gallois dont on a des manuscrits du XIVe siècle) dont il est dit : « Ils virent un grand arbre au bord de la rivière, et une de ses moitiés était en flammes de la racine au sommet, l'autre toute feuillue et verte. » Quant à la référence à l'image d'Attis, elle vient de Frazer, *Attis, Adonis et Osiris*, une des parties du *Rameau d'or*.

In a crowded London shop : quand Yeats rapporte cette même expérience dans *Anima Mundi*, il indique qu'il est assis « dans un restaurant plein de monde ». Le « livre » est un recueil de poèmes. Ce qui cesse dans ces moments, dit-il, c'est l'irritation, la colère — la « haine » — qu'il éprouve à l'égard de tel ou tel aspect de la société ou d'un événement ou d'une personne.

« Les braises d'Isaïe » : allusion à *Isaïe*, VI. Quand Isaïe a vu Dieu dans sa gloire, et s'inquiète, impur comme il se ressent, un Séraphin vient placer un charbon ardent sur sa bouche.

De Friedrich von Hügel (1852-1925), philosophe catholique d'origine autrichienne mais devenu citoyen anglais, Yeats avait lu *The Mystical Element of Religion, as Studied in St. Catherine of Genoa and Her Friends*, 1908. L'ouvrage avait grande réputation. Yeats avait lu aussi sainte Thérèse et plusieurs livres à son propos. Il semble avoir cru que le corps de la sainte avait été trouvé intact et toujours en odeur de sainteté quand la tombe fut ouverte.

Du lion et du miel l'explication se trouve dans les *Juges*, XIV, 5-18. Un juge d'Israël aurait extrait du miel de la carcasse d'un lion.

Ce poème et les suivants sont extraits de *Words for Music Perhaps*, qui fut écrit entre 1929 et 1932, dans une période d'énergie et d'exultation, au témoignage même de leur auteur. Celui-ci est de mars 1929.

De novembre 1929. Une ébauche du poème, citée par Ellmann, p. 280, s'achève par :

We were in love with one another
And therefore ignorant,

ce qui autorise peut-être la traduction retenue.

Page 137.　　　LES JOURS DANSANTS NE SONT PLUS

8 mars 1929. « The sun in a golden cup » est extrait du fatras du *Canto XXIII*, de Pound (signalé par Jeffares, p. 319).

Page 141.　　　JE SUIS DE TERRE D'IRLANDE

Août 1929. Imité d'un poème irlandais du début du XIVᵉ siècle :

Icham of Irlande
Aut of the holy lande of Irlande
Gode sir pray ich ye
For of saynte charite
Com and daunce wyt me,
In Irlaunde

que Frank O'Connor lut un soir à Yeats. Celui-ci, indique Ellmann (*The Identity of Yeats*, p. 280), s'enflamma sur-le-champ pour ces vers, car il y vit l'Irlande elle-même en sa destinée historique. Elle chante mais un seul homme l'écoute, le poète, et encore trouve-t-il bien des prétextes pour ne pas répondre à son appel.

Page 145.　　　AVANT QU'IL N'Y AIT LE MONDE

Ce poème est de février 1928 selon Ellmann suivi par Jeffares. Il parut d'abord dans *The Winding Stair* mais fut replacé dans les *Collected Poems* après *Words for Music Perhaps* dans une suite de onze textes, *A Woman Young and Old,* où l'on trouvera aussi *Son triomphe* et *Her Vision in the Wood.*

Page 147.　　　SON TRIOMPHE

Le 29 novembre 1926. On peut voir à la Galerie Nationale de Dublin un *Saint Georges et le dragon* attribué à Paris Bordone.

Page 149.　　　SA VISION DANS LE BOIS

Août 1926 et première publication dans *The Winding Stair* (cf. note précédente). L'allusion est à la mort d'Adonis.

Page 153.　　　LES FUNÉRAILLES DE PARNELL

Ce poème fut écrit en 1932 et 1933, quand Yeats était agité de dangereux sentiments antidémocratiques. Parnell (1846-1891) est à ses yeux le Grand Tragique, par opposition à Daniel O'Connell (1775-1847) qu'il méprisait. À l'enterrement de Parnell, nombre de personnes, dont Maud Gonne, virent, dans le plein jour, une étoile filante et d'étranges lumières tout autour d'elle.

219

Yeats pensa que cela signifiait peut-être qu'un sacrifice avait été accepté, il ne dit pas au juste par qui. Dans l'*Autobiographie* il rapporte d'autre part qu'après quelques invocations qu'il avait faites à la lune, vision lui était venue d'un centaure qui galopait et, un moment plus tard, d'une femme nue, d'une beauté incroyable, debout sur un piédestal, et lançant une flèche contre une étoile. La monnaie sicilienne — ou plutôt crétoise, à en juger par un autre témoignage de Yeats — existe, il la remarqua dans le manuel de G. F. Hill, *A Handbook of Greek and Roman Coins*, 1899. On y distingue en fait la déesse mère, assise dans l'arbre sacré.

Parnell avait été obligé d'abandonner la direction du parti nationaliste irlandais quand, au faîte de sa gloire, il fut convaincu d'adultère. C'est cette abdication, la « curée », dont Yeats fait reproche à l'Irlande. Il rappelle aussi que les poètes irlandais étaient réputés capables de tuer ou chasser les rats avec leurs poèmes, et sa dernière allusion est pour un *Discours* de Swift, de 1763, sur les dissensions politiques à Athènes et Rome. Swift y soulignait l'importance des nobles dans l'équilibre de la Cité.

Page 157.   LES GYRES

Au seuil des *New Poems*, qui furent publiés en 1938, dernier recueil paru du vivant de Yeats. Écrits entre juillet 1936 et janvier 1937. Quelques explications sur les Gyres figurent dans la note de *La Seconde Venue*. La Vieille Face Rocheuse *(Old Rocky Face)* est souvent assimilée à l'Oracle de Delphes, qui s'exprimait par une fente du rocher, mais une identification précise ne paraît pas nécessaire.

Page 161.   EN REVOYANT LA GALERIE MUNICIPALE

Yeats écrivit en août 1937 ce poème qu'il considéra non sans raison comme un de ses meilleurs. Il s'agit de la Galerie Municipale d'Art moderne, Parnell Square, Dublin.

Roger Casement (1864-1916) avait embrassé la cause irlandaise, cherché l'aide des Allemands pendant la guerre, et fut jugé et exécuté à Londres. Yeats lui avait consacré un poème en 1936. Arthur Griffith (1872-1922) fut le fondateur du Sinn Fein, le mouvement nationaliste qui obtint la création de l'État libre d'Irlande. Kevin O'Higgins (1892-1927) finit assassiné. Le portrait de femme est peut-être celui de Lady Charles Beresford, peint par John Singer Sargent. Le fils d'Augusta Gregory avait été tué au combat, en 1918, et Yeats l'avait célébré dans son *In Memory of Major Robert Gregory*, dès juin 1918. Sir Hugh Lane (1875-1915), qui reparaît dans *Coole Park, 1929*, avait voulu donner sa belle collection de tableaux à la ville de Dublin, mais on avait multiplié devant lui les obstacles et les reproches. Le dire le « seul engendreur » *(the onlie begetter)* des peintures fait allusion à la dédicace fameuse des *Sonnets* de Shakespeare. Hazel était la femme de Sir John Lavery (1856-1941), le peintre auquel on doit notamment la scène de bénédiction du soldat et du drapeau. Antonio Mancini, qui était italien, vécut

220

de 1852 à 1930. Le portrait de Synge est par le père même de Yeats, John Butler Yeats (1839-1922).

Pour les allusions à Coole Park, cf. *Coole Park, 1929*, et *Coole Park et Ballylee, 1931*.

Page 167. L'ARAIGNÉE D'EAU

Écrit entre novembre 1937 et avril 1938, et publié dans les *Last Poems*, comme les suivants. L'araignée d'eau n'est qu'une licence du traducteur.

Page 171. SUR UNE TÊTE DE BRONZE

Écrit en 1937 ou 1938, et publié en revue en mars 1939. Yeats se réfère à une œuvre de Laurence Campbell qui est à la Galerie Municipale d'Art moderne de Dublin : c'est un portrait de Maud Gonne.

J. McT. E. McTaggart (1866-1925) écrivit plusieurs livres que lut Yeats, notamment *Studies in Hegelian Cosmology*, 1901, et *Human Immortality and Pre-existence*, 1915. Dans son introduction à *The Resurrection*, Yeats rappelle que McTaggart, qui croyait à l'immortalité de l'âme, attribue à Hegel la même pensée.

Page 175. LES APPARITIONS

Mars et avril 1938. Yeats a été malade, il a eu toute une série de mauvais rêves, mais certaines de ces apparitions sont bien plus anciennes. Dès 1933 Yeats écrivait à son amie Mrs Shakespear : « Vous ai-je dit que mon apparition est revenue pour la septième fois ? Au réveil j'ai vu une main d'enfant et le bras et la tête, émettant une faible lumière et tenant au-dessus de moi — qui étais couché sur le dos — un cinq de carreau ou de cœur (je ne savais pas très bien). C'était tenu comme si l'enfant était debout au chevet du lit. Est-ce que cela signifie ce que la tireuse de cartes lirait dans celle-ci, ou est-ce la promesse que je vais vivre encore cinq mois, ou cinq ans ? Cinq ans, ce serait à peu près le temps nécessaire pour l'achèvement de mon autobiographie et mener à bien *A Vision*. » Yeats aurait aussi écrit : « La première apparition fut le passage d'un manteau sur un portemanteau, lentement à travers la chambre. C'était extraordinairement terrifiant. » (Cf. Jeffares, p. 387.)

Page 179. LA DÉSERTION DES ANIMAUX DU CIRQUE

Ce dernier en date des grands poèmes de Yeats est sans doute de 1938. Il fut publié en janvier 1939 en revue, simultanément aux États-Unis et à Londres.

Il fait allusion aux écrits les plus anciens de son auteur, à leurs emprunts à la mythologie gaélique, à leurs intentions allégoriques plus ou moins dissimulées. Puis il évoque, avec *La Comtesse Kathleen*, sa préoccupation de Maud Gonne, qui se mettait au service des pauvres, en Irlande, d'une façon qu'il jugeait autodestructrice, à cause du fanatisme et du sentiment de haine qu'il voyait grandir en elle. Le Fou et l'Aveugle sont des personnages de *On Baile's Strand*, la pièce de 1903, de même que Cuchulain, qui y meurt en combattant la mer : autre image allégorique du rêve qui se refuse à la vie.

Page 183.   L'ÉPITAPHE DE W. B. YEATS

Ces vers ne sont que la dernière partie du poème *Under Ben Bulben (Au pied de Ben Bulben)* qui fut achevé en septembre 1938. Yeats (qui était né en 1865) mourut le 29 janvier 1939, à Roquebrune. Son corps ne fut rapatrié en Irlande qu'en 1948. Les trois derniers vers du texte anglais figurent effectivement sur sa tombe, à Drumcliff Churchyard, au nord de Sligo, son pays natal.

La Résurrection

Ébauchée en 1925, la pièce fut publiée en juin 1927. Sa première représentation eut lieu au Théâtre de l'Abbaye, de Dublin, le 30 juillet 1934. Le Peacock Theater (Théâtre du Paon) était une salle plus petite de l'Abbey Theater, où l'on faisait parfois des répétitions.

Astrée était une fille de Zeus, qui avait vécu parmi les hommes à l'époque de l'âge d'or. Mais on la donnait aussi pour la fille du Titan Astraeus. Au ciel, c'est la constellation de la Vierge. Elle apparaît dans la *Quatrième Églogue* de Virgile.

On doit se souvenir que, dans *Une vision*, Yeats indique que le christianisme a mis fin à une période de l'histoire qui avait duré deux mille ans, et en commençait une autre dans l'habituelle violence. Dans *Wheels and Butterflies*, 1934, il a donné de son œuvre l'explication que voici.

Note de Yeats sur « Résurrection ».

« Cette pièce, ou disons plutôt son ébauche, un dialogue plus qu'une pièce, était destinée à être donnée chez moi, dans mon salon, où mon *Hawk's Well (Au Puits du Faucon)* venait juste d'être joué.

« Pendant des années j'ai eu le souci d'un mythe qui fût lui-même réponse à un autre mythe. Par là je ne veux pas dire une fiction, mais une de ces conclusions auxquelles notre nature se voit obligée d'en venir, et qu'elle emploiera comme vérité bien qu'on n'en puisse faire la preuve. Quand j'étais enfant, chacun parlait de progrès, et ma façon de me rebeller contre les adultes fut d'éprouver de l'aversion pour ce mythe. J'étais du coup satisfait de tel ou tel désastre public, j'éprouvais une sorte d'extase au spectacle des ruines, et c'est alors que je tombai sur l'histoire d'Oisin dans Tir nà nOg et

222

en fit mes *Wanderings of Oisin*. Oisin franchit la mer avec un esprit, il croise des fantômes, un garçon qui poursuit une fille, un lévrier qui chasse un lièvre, emblèmes de l'éternelle poursuite, il arrive dans une île où l'on danse en groupe, il y passe nombre d'années, repart, il croise à nouveau les fantômes, débarque cette fois dans une île où l'on se bat sans fin pour un enjeu qui demeure inaccessible, il reste beaucoup d'années là encore, s'en va, croise les fantômes une fois de plus, vient à une île de sommeil, la quitte, et puis c'est l'Irlande, c'est saint Patrick et c'est le grand âge. Je ne recueillais pas ces images à cause de quelque théorie, mais parce qu'elles m'impressionnaient. Toutefois des abstractions ne cessaient pas pour autant de me hanter. Je me souviens d'avoir rejeté, parce qu'elle en gâtait la simplicité, la métaphore, très élaborée, du déferlement d'une vague : elle avait à prouver qu'elle croissait et décroissait comme dans mon poème. Qu'il m'était dur de m'empêcher de faire observer qu'Oisin après sa vieillesse, et son illumination intérieure à demi acceptée, à demi refusée, allait rejoindre la mort sur une autre mer encore, vers une autre île. Bientôt cependant Oisin et ses îles se dissipèrent, et la sorte d'images qui paraît dans *Rosa Alchemica* et *L'Adoration des Mages* prit leur place. Notre civilisation allait se renverser, une nouvelle allait naître de tout ce que notre ère avait rejeté, de tout ce que mes récits rapportaient au symbolisme de la prostituée, et ressemblerait à sa mère. Parce que nous avions adoré un seul dieu, ce nouvel âge en adorerait de nombreux, ou recevrait du Saint-Esprit de Joachim de Flore un influx aux ramifications innombrables. Un passage dans *La Peau de chagrin* peut m'avoir frappé, mais parce que je ne me savais pas d'autre allié que Balzac, je gardais le silence sur tout ce que je ne pouvais faire entrer dans une sorte de conte fantastique. Et les idées abstraites me persécutaient à tel point que *On Baile's Strand*, qui est fondé sur un rêve, ne fut achevé que lorsque, après une lutte de deux ans, j'eus fait du Fou et de l'Aveugle, et de Cuchulain et de Conchubar dont ils sont les ombres, des images : bien qu'aujourd'hui je ne puisse plus me souvenir de ce qu'elles signifiaient, sinon qu'elles représentaient d'une façon ou d'une autre ces combattants qui font tourner la roue de la vie. Avais-je entrepris *On Baile's Strand* ou non quand je commençai à imaginer, toujours présente à ma gauche bien que juste au-delà du champ de mes yeux, une bête aux ailes d'airain que j'associais au grand rire de la destruction extatique ? J'écrivis alors, en tout cas, poussé par une force extérieure, *Where There is Nothing*, une pièce grossièrement façonnée mais qui n'était pas, dramatiquement, sans quelque force : elle est depuis devenue, avec l'aide de Lady Gregory, *The Unicorn from the Stars*. Un voisinage enflammé par l'alcool, une maison campagnarde réduite en cendres, le prêche de l'anarchie spirituelle ! Après quoi, quelques années plus tard, me vint la pensée que l'homme essaie toujours de devenir son contraire, de devenir ce qu'il haïrait s'il ne le désirait pas, et je gaspillai quelque trois étés et une partie de chaque hiver avant d'avoir pu exorciser ce fantôme et tirer une farce, *The Player Queen*, de ce que je voulais une tragédie. Et c'est alors, et de façon imprévue, dans les circonstances décrites dans *A Packet to Ezra Pound*, que prit forme un système symbolique qui déployait le conflit dans tous ses aspects.

> D'où me vint cette vérité ?
> De la bouche d'un médium
> Elle me vint du néant,
> De la terre de la forêt,
> De la nuit ténébreuse où gisent
> Les couronnes de Ninive.

II

> Et alors toutes les Muses
> Chantèrent Magnus Annus
> À la source...

« En 1894 Gorky et Lunacharsky avaient essayé de corriger la philosophie du socialisme marxiste en prenant appui sur le meilleur de la pensée allemande de leur époque, fondant pour cela des écoles à Capri et à Bologne, mais Lénine établit à Paris une école rivale, et ramena à l'orthodoxie le marxisme : " Nous resterons des matérialistes, tout le reste nous mènerait à la religion. " Quatre ou cinq ans plus tard Pie X s'aperçut qu'une commission de savants catholiques examinait le texte biblique et son attribution à certains auteurs : et il supprima la commission. " Moïse et les quatre Évangélistes ont écrit les livres qui portent leur nom ; toute autre conclusion mènerait au scepticisme. " C'est de cette façon que deux grands hommes préparent deux grands mouvements, purifiés de tout modernisme, pour le moment critique où ils se disputeront, selon le mot de l'archevêque Downey, la maîtrise de l'univers.

« Jusqu'à présent je dois bien avoir la sympathie des hauts-de-forme et des savates, car ils sont tous, me dit-on, catholiques ou communistes, sinon les deux à la fois. Et pourtant il est un troisième mythe, une troisième philosophie qui a troublé tout autant le monde. Ptolémée pensait que la procession des équinoxes gagnait un degré chaque cent ans, et qu'à un moment, vers l'époque à peu près du Christ, et de César, le soleil équinoxial était revenu à sa place première parmi les constellations, à la fois terminant et recommençant les trente-six mille années ou les trois cent soixante incarnations, chacune durant cent ans, de l'homme d'Ur dont parle Platon. Jusqu'alors presque chaque philosophe avait sa façon particulière de mesurer la Grande Année, mais cette Année Platonique, comme elle fut appelée, se substitua vite à toutes les autres. Au XIIe siècle ce fut une hérésie dans le christianisme ; et en Orient, multipliée par douze comme si elle n'était qu'un mois au sein d'une année d'autant plus grande, elle devint le Manvantra de 432 000 ans avant que nourrie par la jungle indienne elle n'engendre de nouveaux zéros et se multiplie assez pour devenir les Kalpas.

« Il était peut-être évident, quand Plotin remplaça par les archétypes des personnes particulières en toutes leurs incarnations concevables un nombre limité d'Idées platoniques, qu'une Grande Année qui vaudrait à la fois pour le goujon et pour la baleine devrait épuiser la table de multiplication. Quelle que soit sa longueur, cependant, elle restait divisible, de même que chaque élément dont elle était un multiple, en phases de la lune, ou jours suivis de nuits, ou étés et hivers. Il y avait partout, comme dans ma pièce, un conflit entre deux principes, ou " formes élémentaires de l'esprit ", dont chacun " vivait la vie de l'autre, mourait de la mort de l'autre ". J'ai une peinture chinoise qui représente trois vieux sages assis côte à côte, l'un avec un cerf près de lui, un autre avec un rouleau ouvert sur le symbole du *yen* et du *yin,* ces deux formes qui ne cessent de tournoyer, créant et recréant toutes choses. Mais nous avons découvert dans les temps modernes que la précession des équinoxes est plus rapide que Ptolémée ne pensait, d'où suit, a dit quelqu'un, qu'on devrait concevoir un nouveau schéma symbolique. Non, mille fois non. Je réaffirme que l'équinoxe bouge d'un degré tous les cent ans. Quoi que ce soit d'autre ne mènerait qu'à la confusion.

« Toutes les sociétés antiques croyaient en la renaissance de l'âme, et disposaient probablement sur ce point de cette sorte de données empiriques que Lafcadio Hearn trouva chez les Japonais. De notre temps Schopenhauer y a cru, et McTaggart pense que Hegel en faisait autant, bien que son manque d'intérêt pour l'âme individuelle l'ait gardé sur ce point silencieux. C'est le fondement en tout cas du système philosophique propre de McTaggart. Le cardinal Mercier ne voyait rien qui en soit la preuve mais ne pensait pas que ce fût une pensée hérétique ; et son déni obligea le sincère et noble von Hügel à dire que les enfants morts trop jeunes pour avoir mérité le Ciel n'avaient pas pour autant à souffrir de façon injuste, car rien n'est mieux que les Limbes, à son idée. Même si nous pensons que l'existence individuelle est un tissu d'illusions, elle ne peut être pur caprice. Plotin l'appelle l'acte caractéristique de l'âme, et elle doit refléter la cohérence de celle-ci. Toutes nos pensées semblent conduire par antithèse à quelque nouvelle affirmation d'une surnature. Dans quelques années peut-être nous disposerons de beaucoup de faits empiriques, les seuls qui aujourd'hui ébranlent les masses, pour établir que l'homme a vécu beaucoup de fois. Il en est d'ailleurs qui n'ont pas été examinés assez à fond encore : je pense au cas de la fille de ce professeur à Palerme. Cette croyance professée par Platon et Plotin, et qui bénéficie d'arguments de poids, ressemble aux doctrines mathématiques d'Einstein avant que la preuve expérimentale soit faite de la courbure de la lumière.

« Faut-il en venir à penser que rien n'existe qu'un flux d'âmes ; que toute connaissance est biographie ; et, avec Plotin, que toute âme est unique ? Faut-il penser que ces âmes, ces archétypes éternels, se combinent en unités plus vastes, comme les jours et les nuits en mois, les mois en années, pour produire enfin l'unité dernière qui ne différera en rien de ce qu'ils étaient au commencement ? Partout cette antinomie de l'Un et du Multiple que Platon jugeait, dans le *Parménide,* insoluble, bien que Blake la pensât soluble " au fond des tombes ". Une telle croyance peut naître au sein même du communisme, par antithèse. Elle ferait alors entendre, et même à la conscience ordinaire, que chaque chose a valeur de façon proportionnée au degré de clarté de son expression de soi-même, et non comme fonction des conditions économiques en devenir ou comme préparation à quelque utopie. Il n'y a peut-être aucun état heureux à imaginer en avant de nous, sinon dans la mesure où les êtres humains peuvent peu à peu devenir meilleurs. Il n'est peut-être d'issue que pour seulement des individus, pour seulement ceux qui savent comment épuiser leurs vies possibles, et pour ainsi dire précipiter les aiguilles sur le cadran. Peut-être apprendrons-nous à accepter avec une humilité heureuse — " J'ai toujours été un insecte à la racine de l'herbe " — même des existences sans nombre ; et mettant de côté les scrupules numériques, à être prêts, toujours, à tout risquer sur un coup de dés.

« Même nos meilleurs historiens traitent les hommes comme simplement des fonctions. Pourquoi dois-je penser que la cause qui triomphe est la meilleure ? Pourquoi Mommsen devrait-il penser moins de bien de Cicéron parce que César en a triomphé ? Je trouve bien, pour ma part, l'Année Platonique en esprit, de ne rencontrer que le drame. Je préfère voir la cause qui a perdu décrite avec plus de cœur et de vie que celle qui a déjà la publicité de la victoire. Aucune bataille n'a jamais été décidément gagnée ou perdue. " Aux hauts-de-forme et aux savates je fais l'envoi d'une roue. " »

Préface 7

Le domaine anglo-saxon
en Poésie/Gallimard

Wystan Hugh AUDEN. *Poèmes choisies.* Préface de Guy Goffette. Introduction de Claude Guillot. Traduction de Jean Lambert.

Emily BRONTË. *Poèmes (1836-1846).* Présentation, choix et traduction de Pierre Leyris. Édition bilingue.

Elizabeth BROWNING. *Sonnets portugais* et autres poèmes. Présentation et traduction de Lauraine Jungelson. Édition bilingue.

Emily DICKINSON. *Quatrains et autres poèmes brefs.* Présentation et traduction de Claire Malroux. Édition bilingue.

John DONNE. *Poèmes.* Préface de Jean-Roger Poisson. Traduction de Jean Fuzier et Yves Denis. Édition bilingue.

William FAULKNER. *Le Faune de marbre. Un rameau vert.* Traductions de René-Noël Raimbault et Alain Suied. Postface de Michel Gresset.

John KEATS. *Poèmes et poésies.* Édition présentée et annotée par Marc Porée. Choix et traduction de Paul Gallimard.

David Herbert LAWRENCE. *Poèmes.* Présentation, choix et traduction de Lorand Gaspar et Sarah Clair. Édition bilingue.

Herman MELVILLE. *Poèmes de guerre* suivis d'un *Supplément.* Présentation et traductions de Pierre Leyris et Philippe Jaworski. Édition bilingue.

John MILTON. *Le Paradis perdu.* Édition présentée et annotée par Robert Ellrodt. Traduction de Chateaubriand.

Sylvia PLATH. *Arbres d'hiver* précédé de *La Traversée.* Présentation de Sylvie Doizelet. Traductions de Françoise Morvan et Valérie Rouzeau. Édition bilingue.

Edgar Allan POE. *Poèmes* suivis de *La Genèse d'un poème.* Préface de Jean-Louis Curtis. Traductions de Stéphane Mallarmé et Charles Baudelaire.

William SHAKESPEARE. *Sonnets.* Préface et traduction de Pierre Jean Jouve.

Dylan THOMAS. *Vision et Prière* et autres poèmes. Présentation et traduction d'Alain Suied.

Walt WHITMAN. *Feuilles d'herbe*. Traduction intégrale et présentation de Jacques Darras.

William WORDSWORTH. *Poèmes*. Présentation, choix et traduction de François-René Daillie. Édition bilingue.

William Butler YEATS. *Quarante-cinq poèmes* suivis de *La Résurrection*. Préface, choix et traduction d'Yves Bonnefoy. Édition bilingue.

Fleuve profond, sombre rivière. Les « Negro Spirituals ». Présentation et traduction de Marguerite Yourcenar.

Ce volume,
le deux cent soixante-treizième
de la collection Poésie,
a été achevé d'imprimer sur les presses
de l'imprimerie Bussière à Saint-Amand (Cher),
le 20 décembre 2004.
Dépôt légal : décembre 2004.
1er dépôt légal dans la collection : septembre 1993.
Numéro d'imprimeur : 45553.

ISBN 2-07-032780-9./Imprimé en France.

133901